고객님 가라사대

고객님 가라사대

한상욱 **지음**

스토리하우스

추천사

하루에도 많은 회사가 문을 닫고, 영원할 것만 같았던 대기업이 난데없이 몰락하고 있다. 복잡하고 불확실하며 치열한 경제전쟁 속에서 "고객"의 가치는 아무리 강조해도 지나치지 않다. "고객"이 없는 회사는 한 번도 본 적이 없으며, 고객을 소홀히 여겼음에도 생존하는 회사를 들어본 적이 없다.

고객은 시작이자 끝이요, 만족시켜야 할 대상을 넘어 숭배의 대상이다. 본인은 지난 수십 년간 글로벌은행의 책임자와 세계적인 보험회사의 CEO를 경험하면서 한 순간도 "고객"이라는 키워드를 놓친 적도, 망각한 적도 없었다.

"고객"은 회사의 존재의 이유이면서 성장의 핵심 원동력이기 때문이다. 그런 의미에서 이 책은 독자들에게 시사하는 바가 매우 크고 중요하다 생각한다. 필자의 오랜 세월 또 여러 경험에서 우러나오는 고객 만족의 구체적인 사례들 에는 비지니스 파트너를 이해하고 더 나아가 고객들을 내 사람으로 만드는 핵심 노하우가 녹아 있다.

독자들은 이 책의 내용 하나 하나를 곱씹어 자양분으로 삼고, 본인 것으로 만드는 지혜 로움이 필요하다. 이 책을 통해 많은 분들이 고객의 절대적 중요성과 가치를 깊이 깨닫고 비지니스에서 큰 성공 거두시길 진심으로 기원하는 바이다.

푸르덴셜생명 회장 추천사 손 병 옥

고객님 가라사대

기존 고객관리만으로
매년 실적을 두 배로
끌어올리는 시스템

INTRO

무시당하는 인생을 살지 말자

...

인생은 단 한 번뿐이고, 특히 내 인생은 우주보다 소중하지 않은가? 사람들이 살면서 가장 느끼고 싶어 하지 않는 감정이 바로 무시를 당하는 것이다. 무시당하는 것은, 미움을 당하는 것보다 두렵다. 하지만 불행하게도 많은 세일즈맨들은 보이게, 또는 보이지 않게 무시를 당한다. 출근하기 전에, 냉장고 문을 열어 간과 쓸개를 넣어 놓고 집을 나서야만 한다.

이 책을 저술하게 된 깊은 동기는 바로 여기에 있다. 아무리 돈을 많이 버는 세일즈맨이라도, 늘 무시당해 자존감이 낮아져 있다면 소탐대실인 것이다.

다행히도 필자에게는 무시당하기보다, 사랑 받으며 세일즈 할 수 있는 경험이 있다. 그것도 아주 오랫동안 말이다. 그 노하우를 나누고 싶다. 은연중에 무시당하며 자존감에 큰 멍이 든 세일즈맨에게 진정한 치료제를 주고 싶어 펜을 들었다.

자식을 가진 부모들은 자녀들이 질병으로 심하게 고통을 당하면, 그것만큼 힘든 일이 없다. 차라리 그 자녀의 고통을 부모 스스로가 대신 앓아주고 싶은 것이 인지상정이다. 아토피로 자녀의 온 몸이 고름과 진물, 핏자국 투성이라면 어떨까? 내 자녀들이 그런 상황이라고 한번 상상해보자. 이 병원 저 의원에서 치료를 받아도, 밤새 잠 못 이루고 온 몸을 긁어대는 상황 말이다. 그런데 계속되는 암울한 날들 중에 불현듯, 아주 우연히 완벽한 치료제를 만났고 그 효과가 일시적인 것이 아닌 아토피의 근원까지 깨끗하게 완치시켰다면, 부모로서 당신의 인생은 어떻게 변할 것 같은가? 한 번 생각해보자. 너무나 감사하고 감사하며, 자녀의 말끔해진 볼에 입 맞추고, 목욕시키며 감탄하고, 편안한 숙면을 매일 취할 수 있을 것이다. 그리고 이러한 사실을, 같은 심정으로 지옥 같은 날들을 살고 있는 또 다른 어린 아토피 환자들의 부모들에게 알리고 전파하며, 또 나서서 가르쳐주고 봉사하려 하지 않겠는가? 저자인 본인은 정확히 이런 심정으로 이 책을 쓰기 시작했다. 지식이 아닌 경험이며, 추측이 아닌 임상실험의 결과이고, 교훈이 아닌 현실이다. 이 책을 통해 모든 판매회사들과 판매영업직 종사자들이 불황이 호황으로 변하고, 아토피 자녀를 두었던 부모들처럼 현실 속에서 행복해지고 웃음이 끊이질 않기 바란다. 그리고 더 나아가 이제는 단 한 번뿐인 자신의 인생과 사업 속에서 큰 비전을 찾으며, 그 비전을 품고 살기 바란다. 성경에 나오는 삼손은 능력이 남달랐지만, 그만의 비전을 상실했기 때문에 두 눈을 잃고 실패했다. 능력에 앞서 자신만의 비전을 잡아야 한다.

세일즈 마케팅을 생업으로 이 시대를 살아가는 남녀 가장들의 가장 큰 어려움은 실적과 일에 대한 자존감이다. 어느 누구도 이 사실에 반론을 제기할 수 없다고 저자는 확신한다.

〈어느 세일즈맨의 아침회상〉

아침에 물에 젖은 솜 같은 몸을 오로지 가족들을 생각하며 힘들게 일으켜서, 막히는 도로와 신문을 활짝 펴 볼 수조차 없는 지하철을 타고 일터에 도착하면, 가장 먼저 나를 반기는 것은 이달의 실적 판과 영업목표 수치이다. 자리에 앉기도 전에, 왠지 조금 늦게 온 것과 같은 미안함을 느끼게 되고 그저 그런 얼굴의 동료들과 무언의 답답함을 공유하는 것이 대부분 세일즈맨의 눈부신 아침이다. 구체적으로 진행되는 오전의 미팅들도 그리 큰 모티베이션을 (내게) 주지는 못한다. 늘 같이 지내는 지점장들은 세일즈맨들에게 감동적이고 큰 격려가 되는 교육을 준비하고자 여러 시간 공을 들인 듯하지만, 왠지 영업 현장의 일선에 있는 우리들에게는 (약간) 실제적이지 못하고 우리 현실과는 초점이 안 맞는 느낌이 들어 오전부터 내 마음에서는 작은 한숨이 새어 나온다. 지점장은 요란한 박수소리와 함께 뿌듯한 얼굴로 교육 미팅을 마무리 하지만 "과연 저 분이 내 심정을 알고 계실까?"하는 생각이 들 뿐이다. 뒤를 이어 영업 관리자와 세일즈 매니저들의 목표관리와 활동관리가 계속되면서, 목표만 있을 뿐 심정은 공허한 내게 계속적인 거짓말만 하게 만든다. 이때 불현듯 이

번 주에 결제해야 할 신용카드 금액이 내 뇌리를 스치며, 이 눈부신 아침햇살도 우울하게 느껴질 뿐이다.

　　나는 과연 오랫동안 내 소중한 가족들의 생계를 책임질 이 세일즈직에 자존감을 느끼고 있는가? 뛰고 땀 흘린 만큼 벌 수 있다는 생각에 몇 년 전 두 손을 불끈 쥐고 신발 끈을 단단히 졸라매는 마음으로, 열심히만 한다면 몇 년 내에 큰 부자는 아니더라도 끔찍하게 귀한 가족들에게 안락한 집과 예쁜 차와 좋은 교육을 제공할 수 있을 것이라고 생각했는데, 지금 나는 무엇을 이루었고 또 무엇을 할 수 있나? 왜 이렇게 되었지? 처음에는 아주 잘 되는 것 같았는데, 어디서부터 일이 잘못 새어 버린 걸까? 만나고 싶어도 반겨줄 가망 고객은커녕 인상 쓰며 거절할 고객도 만나기 힘든 이 현실을 어떻게 하면 좋은가? 이런 나를 철석 같이 믿고 아무 두려움 없이 공부하는 내 아이들, 알뜰 살뜰 살림하는 내 아내가 지금 생각난다. 나는 앞으로 얼마나 더 이 세일즈를 할 수 있을까? 이런 자존감 없는 마음으로……

남의 이야기 같지 않을 것이다. 긍정적인 마음으로 덮으려 해도 우리 마음속에 매일 실존해 있는 이 어두움을 벗겨 버리

기엔 우리의 현실이 너무 불투명하고 암울하기 때문이다.

본인은 이 상황을 180도 반대의 밝음과 찬란함으로 탈바꿈시킨 경험을 가지고 있다. 그것도 한 순간이 아닌, 세일즈 비즈니스를 하는 내내 기쁨과 충만함으로 가득 차있다. 국가적 경제 위기가 오고 개인적으로 힘든 일들이 생길 때도, 걱정은 없는 세일즈를 계속 유지해왔다. 이 책을 저술하게 된 이유도 그곳에 있다. 어두운 세일즈를, 꾸준하고 높은 실적과 일에 대한 힘찬 자긍심으로 바꿔주고 싶어서이다.

이 책에 들어있는 내용을 편견 없이 그대로 받아들이기만 한다면 여러분의 인생은 100% 바뀔 것이다. "이런 삶도 있었구나! 왜 진작 내가 깨닫지 못했을까?"라는 기쁨과 함께 당신의 과거를 안타까워할 것이다. 그리고 여러분 주변의 아직도 힘들어하는 동료와 선후배들에게 남이나 제3자가 아닌, 바로 여러분 자신의 실제 경험을 나누고 누리게 될 것을 확신한다.

이 책을 통해 많은 영업 현장의 세일즈맨들이, 실적에서 승리하고 자존감을 회복하며, 또한 가정에서 당당한 가장과 부모가 되기를 전심으로 기원한다.

이 책을 다 읽고 실천하는 순간, 아침에 떠오르는 햇살이 반갑고 찬란하게 보일 것이다. 또한 그 방법은 아주 쉽다.

고객님 가라사대

기존 고객관리만으로 매년
실적을 두 배로 끌어올리는 시스템

Chapter I

물동이를 나르지 말고,
파이프라인을 설치하라

흡혈귀의 비애

세일즈를 시작하고 1년 남짓 흐른 시점의 어느 날, 필자는 광주 발 서울행 기차를 타고 사무실로 향하는 중이었다. 광주에서 2박 3일 간의 세일즈 활동을 마치고 나름대로의 성과를 기뻐하며 사무실과 가족을 향해 가는 길이었다. 창밖의 푸르디푸른 호남평야는 일에 지친 내게 큰 위로가 되어 주었고, 마치 다른 세상을 보는 것 같았다. 마침 기차역에서 파는 잡지를 한 권 구매한 나는 여유 있게, 앞부분부터 차근차근 읽어 나가기 시작했다. 몇 장이나 넘겼을까? 당시 유행이던 〈드라큘라〉 영화에 대해 한 기자가 적어 놓은 논평이 눈에 띄었다. 그 글에는 이런 질문이 들어있었다.

> "'드라큘라'는 기괴하지만 또한 인간적인 주인공이다.
> 이 역사적 주인공의 가장 큰 아픔과 비애는 무엇이었을까?"

필자는 순간 식상한 질문이라는 생각이 들었다. '남들이 싫어하는 피를 먹어야 한다는 것, 밤에만 다녀야 한다는 것, 사람들이 늘 죽이려 한다는 것, 아니면 마늘과 같은 천적이 있다는 것' 등이겠지, 하며 다음을 무심코 읽어 내려갔다. 하지만 그 질문에 쓰여 있는 답변은 필자의 상상과는 큰 차이가 있었다.

거기에는 '피를, 빨아도 빨아도 배가 고프고 목마르다는 것, 밤마다 새로운 희생자를 찾고 찾아도 갈증이 멈추지 않는 것'이라고 적혀있었다. 글쓴이는 '드라큘라'의 인간적인 아픔을 문학적으로 강조하려는 의도가 있었는지 모르겠지만, 그 답변은 내 머리를 망치가 아닌 해머로 내려치는 것 같은 큰 충격을 주었다. 왜냐하면 어느새 나도 모르는 사이에 필자 본인이 '드라큘라'가 되어 있었기 때문이었다. 필자는 당시 판매계약을 하고 또 해도 전혀 만족감을 느끼지 못하는 상황이었다.

다른 동료들보다 실적이 좋은 형편이었고 항상 긍정적인 마음 상태를 유지하며 애를 쓰는 부지런함도 있었다. 그래서 먼 광주까지 내려가 별 연고도 없고 도와줄 지인도 없는 타지에서 2박 3일 간 맨땅에 씨를 뿌리고 열매까지 품에 안고 집에 가는 중이었다. 하지만 필자는 영락없는 '드라큘라'였다. 실적이 있어도 늘 실적에 허덕였으며, 좋은 계약을 하고 나서도 하루 이틀일 뿐 만족할 줄도 몰랐고 감사할 줄도 몰랐다. 내 자신이 '흡혈귀'와 별반 다를 것이 없다고 생각되는 순간 가슴 속에서 억울한 것 같기도 하면서 텅 빈 것 같기도 하고, 쓰라린 것 같기도 하고 얼얼한 것 같기도 한, 도저히 표현하기 어려운 '드라큘라'의 비애가 정말 강하게 느껴져 왔다. 필자는 당시 전에 다니던 종합상사에서 소수만 선발한 유학 지원도 포기하고 세일즈를 시작했었다. 모두들 필자를 미쳤다고 이야기했지만 본인에게는 강한 확신과 신념이 있었다. 유학을 다녀오면 그 비용을 지원해준 회사에 몇 년간 의무적으로 다녀야 하는 족쇄가 생기게 되고, 그러자면 중요한 시간이 다 흘러버려 회사원 생활을 벗어나지 못하고 그곳에 안주하게 되어 평생 남의 돈만 벌어주고 죽도록 일만 하는 월급쟁이로 살게 될 것이라는 생각이 들었기 때문이었다. 그리고 이 신념에는 분명히 일리가 있었다. 그래서 인생의 큰 전환점에서 '회사 지원으로 하는 유학도 포기하고, 돈 받고도 안 하는 세일즈를 한다'고 어이없다는 소리를 들어가며 내린 큰 결정이었는데, 지금 내가 '흡혈귀의 마음을 가지고 그 비애를 느끼고 있다니!'하는 생각에 필자는 큰 낙심을 하였다. 결국 기차에서 내린 필자는, 사무실로 가지 않고 곧장 집으로 가는 택시를 잡아탔다. 지하철을 탈 겨를도 없었다. 필자의 마음속에서는 이런 내 모습으로 세일즈를 오래할 수 없다는 결론이 내려졌다. 물론 돈을 벌기위해

하는 일이긴 하지만, 실적만 채우고 만족감 없이 이렇게 허덕이다가는 몇 년은 그럭저럭 지낼 수 있겠지만 곧 어중간한 나이에 세일즈에 지친 삭막한 심정으로 다른 일자리를 찾게 될 것이 분명하기 때문이었다. 집에 돌아와 모두가 잠든 밤에, 나 홀로 침대에서 일어나 식탁에 앉아 고민하고 염려하기 시작하였다. 내가 왜 초심을 모두 잊어버리고 판매계약을 해도 그리 기뻐하지 않고 또 다른 계약, 또 새로운 계약을 찾아 헤매는 승냥이가 되어버렸을까? 첫 판매계약을 하고 세상이 내 것인 양 기뻐하면서 의기양양하게 현관문을 열며 퇴근하던 날이 엊그제 같은데… 이제는 계약 후에도 커미션만 계산하고 그 기쁨을 오 분 내로 잊어버리는, 참을 수 없는 가벼운 존재가 되어버렸구나! 필자는 오랜 시간 동안 생각에 몰두하면서, 새근새근 잠을 자던 내 아들과 딸을 살며시 바라보았다. 그 날부터 필자는 고객을 쫓아다니지 않기로 결심하고 고객이 나를 찾아오도록 궁리에 궁리를 더하기 시작했다. 그러기를 1년 여, 노력의 대가로 나는 웃음으로 가장한 비애의 흡혈귀 세일즈맨에서 한 해에 170여 건을 편안하게 열매 맺는, 시스템을 갖춘 1인 기업가가 되었다.

고객관리로 끙끙거려라

　판매영업은 자칫 잘못하면 밑 빠진 독에 물을 붓는 것과 같게 된다. 그도 그럴 것이, 회사는 목표를 매년 높게 책정해 놓고 작년보다 못하면 되겠냐는 반문으로 세일즈맨들을 뒤에서 몰아붙인다. 실제로 우리들도 어느덧 우상향 그래프가 아니면 당장이라도 사회의 뒤쳐져있는 열등생이 되고 만다는 생각을 하는, 극단적이고 단순한 사회인이 되어버렸다. 사회생활도 인생의 부분 집합이기에 굴곡도 있고 때로는 부침이 있는 것이 사실이지만, 이 사실을 직장과 가정에 납득시키기엔 내 자신의 변명 같고 스스로 능력과 자신이 충분하지 못하다는 것을 인정하는 것 같아 그저 생각 속에서만 맴돌 뿐이다. 세일즈가 아닌 일반 사무직은 바쁜 시기가 많은 반면 한가한 기간도 있으며, 감원의 위기도 있지만 반대로 기대 이상의 보너스를 제공받는 때도 있다. 이렇게 저렇게 시간이 그럭저럭 흘러가며 성실과 인간관계, 때로는 집중으로 승진을 해 나가기도 한다.

하지만 판매영업은 완전히 다른 형국이다. 1년은 고사하고 6개월만 실적이 부진해도 차라리 그만 두고 다른 직장을 찾는 게 어떠냐는 등 협박 아닌 협박은 물론이고, 내 자신이 스스로 직면하는 스트레스와 자괴감은 가히 상상을 초월한다. 머리만 대면 코를 드르렁거리던 사람들도 새벽 다섯 시만 되면 온갖 걱정과 함께 뒤척거리며 아침을 맞이하게 된다. 하루 중 서너 번은 자녀들 얼굴이 아른거리고, '내 배우자도 짝을 잘못 만나 쓸데없는 고생을 하는 구나'하는 생각에 안쓰럽기까지 하다. 이렇게 심약한 기간을 지내다가도, 어쩌다 좋은 판매계약을 하게 되면 모든 것은 까맣게 잊어버리고 실없이 의기양양해진다. 이런 사이클의 반복을 되풀이해가며, 중ㆍ장기적으로는 실적이 서서히 우하향의 그래프를 나타내는 줄도 모르고 시간은 점점 흐른다. 판매영업직의 전형적인 아픔임과 동시에 나와 내 옆 동료의 현실인 것이다.

이런 느낌을 인지하게 될 즈음이면 영업 본부장이나 지점장 혹은 하부 세일즈 매니저들이 괜스레 미워지기 시작하고, 내 덕으로 살아가는 줄 알라는 말이 입가에 맴돌게 된다. 관리직 사람들이 평상시 웃는 것도 이유 없이 꼴 보기 싫어지고 마음을 닫게 되고, 초등학교 여학생들처럼 영업직과 관리직을 우리 편과 너희 편으로 갈라가며 유치한 행동과 말들이 불쑥불쑥 나도 모르게 튀어 나온다.

하지만 실제로 많은 판매 영업 직원들이 영업 관리자나 기타 사무직, 심지어 고위 임원과 대표이사보다도 소득이 좋은 경우를 자주 찾아볼 수 있다. 게다가 천만 다행히도, 매년 꾸준히 실적을 올리는 왕도는 존재한다. 그 왕도의 이름은 '고객관리'이다. 진리는 생각보다 가깝고 단순한 곳에 있다. 지구가 생기기 전부터 오늘도 보이는 당연한 태양이 그 빛을 비추어 전 지구의 생명체를 유지시켜주듯이, 내 손에 닿아있는 사실과 진리가 모든 해결점의 실마리인 것이다. 문제는 고객관리를 '어떻게 해야 하나' 하는 것이다. 그 모든 숙제와 실마리를 지금의 여정에서부터 하나씩 깨닫고 발견해 나가기를 진심으로 기원한다. 우선 제일 먼저 생각해봐야 할 문제는 '고객관리'라는 단어의 정의를 우리 가슴과 머릿속에서 새롭게 바꾸어야 한다는 것이다. 사실 고객들은 '감히' 관리를 한다고 표현할 수 없는 '존귀한 분'들이다. 그럼에도 불구하고 판매 영업직에 종사하는 우리들은 고객들을 입술로만 대접할 뿐, 가슴 깊숙한 곳에서는 털끝만큼도 소중히 여기거나 정말 내게 고마운 분들이라고 생각하지 않는다. 만약 이 글을 읽고 있는 독자들 중 고객들을 진심으로 '고객'으로 여기는 심정이 조금이라도 있는 분들은, 크고 탐스러운 판매 영업 실적을 더 쉽고 재미있으며 무엇보다 보람차게 따낼 것이라고 장담한다. 이후에 더 자세히 언급하겠지만, 백화점이란 개념을 처음 만들어냈고 우리나라의 종로 소재 YMCA를 설립하여준 존 워너메이커의 이야기처럼 '고객은 왕'이다. 왕은 (질의 차이가 있지만) 우리와 똑같이 잠을 자고 식사를 하며, 매일 화장실에 간다. 그럼에도 불구하고 우리가 왕을 섬기고 존경하는 이유는 그 신분과 주어진 권력 때문이다. 왕의 신분은 여간해서는 절대 바뀌지 않는다. 영국의 엘리자베스 여왕은 서울 어디에서나 볼 수 있는 평안한 표정의 할머니이지만, 그 신분의 존귀함으로 많은 사람들의 사랑과 관심의 대상이 되며 존경의 대상이 된다. 실상 왕들은 본인이 태어날 부모를 미리 알고 선택한 것도 아니고, 전생에 선행을 많이 행하여 그 선물과 보답으로 귀한 아기왕자로 이 세상에 나온 것이 아니다. 그 얄궂은 운명의 선택이 신분을 왕으로 정해준 것 아니겠는가? 왕이라고 물론 다 행복한 인생을 사는 건 아니지만 왕은 절대적인 왕이고, 고객 또한 절대적인 왕이다.

하지만 그 동안 수많은 판매직 종사자들은 고객을, 자신의 수입을 늘리기 위해 이용하려고만 하였지 고객을 위해 무엇을 하는 일에는 인색하기 짝이 없었다. 그나마 규모가 큰 백화점이나 대기업들은 고객들을 위해 여러 가지 편의시설과 서비스를 제공할 물질적 · 심정적 여력이 있는 형편이기에 많은 노력을 하고 있지만, 작은 기업이나 그와 비슷한 판매직 종사자들은 마음이 있어도 할 수 없는 상황인 것이 현실이다. 가장 소중한 것은 고객을 내 가족처럼 소중히 여기고자 하는 그 '마음'이다. 우리들은 제일 먼저 이 '마음'을 회복해야만 한다. 그러면 그 다음 일은 이 책의 내용을 따라오다 보면 '일사천리'로 술술 풀리게 될 것이다. 참 아이러니하게도, 이 '마음'을 갖기는 너무도 힘이 든다. 필자는 '고객관리만으로 실적을 두 배로 끌어올리는 시스템'이란 강의와 코칭을 여러 곳에서 역설한 바 있다. 강의가 끝나기 10분 전에, 필자는 항상 강의 · 코칭 평가 설문을 강의에 참여한 모든 분들로부터 받아 사무실에 와서 정리를 하고 의견을 하나하나 분석하고 살펴본다. 여기서 대단히 재미있는 현상을 하나 발견하게 되는데, 다름 아닌 청중의 5% 정도는 '서론이 길다'는 주관적인 답변을 한다는 점이다. 실제로 이 강의의 서론은 절대 길지 않다. 정해진 시간 내에 코칭을 끝내야 하기에 시간 안배에 모든 노력을 기울이기 때문에, 정해진 시간만큼만 서론을 하게 되어있다. 하지만 청중의 5% 정도는 '서론이 길다'고 느끼고 평가서에 기재하는데, 그 이유와 심정을 나는 잘 알고 있다. 그분들은 "아주 기본적이고 상식적인 '고객의 중요성'을 뭐 그리 열을 내서 이야기할 필요가 있냐"는 것이다. 결국 시간 낭비라는 얘기다. 그들의 관심은 다른 곳에 있다. "강의 내용 중 귀하에게 가장 인상적인 내용은 무엇이었습니까?"라는 항목에 쓰인 그분들의 답변을 보면 쉽게 알 수 있다. 그 관심사는 '노하우, 비결, 구체적인 방법'들에 집중되어있다. 사실 그런 섬세하고 눈에 번뜩번뜩 띄는 내용들이 관심을 끄는 것은 당연지사다. 하지만 그 비결들만으로는 절대 고객을 지속적인 내 사람으로 만들 수 없다. 아무리 노하우가 좋아도 그 방식을 꾸준히 지속할 만큼의 고객에 대한 애정이 결여되어있기 때문이다. 우리의 자녀들을 생각해보자. 시험을 대비하여 대형 서점에 가보면 최고의 문제집과 참고서들이 즐비해있다. 실제로 매일 무거운 가방을 저녁까지 메고 학원을 전전하지 않아도 좋은 문제집 5권만 제대로 풀고 익히면 1~2등은 따 놓은 당상이다. 하지만 현실은 어디 그런가? 자녀들은 아무리 좋은 문제집들을 책꽂이에 꽂아놓고 가방 속에 갖고 다녀도, 관심은 온통 친구·연예인·음악·시험 후 볼 영화에 가 있기에 보화를 앞에 두고도 아까운 시간만 낭비하고 있다. 시험 결과는 자명하지 않겠는가? 시험에 나올만한 주옥같은 문제가 가득 쌓여있는 문제집을 내 손에 잡고

서도 한 문제 한 문제를 끙끙거리며 풀어내지 않으면, 날짜가 지난 신문만큼의 값어치도 하지 못한다. 비싼 값을 지불하고 산 문제집이 삼겹살을 구워 먹을 때, 기름 묻지 않게 쌓아둔 날짜 지난 신문지보다 쓸모가 있겠는가? 끙끙대며 머리를 싸매고 풀어야 한다. 필자는 실제 자녀들에게 초등학교 1학년 때부터 두 명 모두 답안지를 절대 주지 않고, 문제를 풀며 고민하게 만들었다. 문제집을 같이 사오면, 제일 먼저 뒷면의 답안지를 떼어내어 자녀들의 키가 절대 닿지 않는 곳에 올려놓고, 끙끙거리기를 주문한다. 그리고 첨언하여 모든 수학이나 학과 공부 문제는 "공부하는 것이 아니라 배우는 마음으로 대하는 '퀴즈'라고 생각하라"고 당부하고 있다. 처음에는 이 방법을 어려워하여, 어려운 문제 2~3개를 놓고 8살, 9살 꼬맹이들이 2~3시간을 버티며 아빠를 원망하는 눈빛으로 눈물이 그렁그렁하며 쳐다보기도 했다. 하지만 필자는 절대 흔들리지 않았으며, 답안지를 보면서 생각해보라고 하지 않았다. 처음부터 타협하고 싶지 않았다. 필자의 고등학교 1학년 당시 영어선생님께서는 160cm도 안 되는 작은 키임에도 불구하고 당당하고 우렁찬 소리로 흑판에 빨간 백묵으로 'Compromise'라고 써놓고는 "나는 영어를 공부했고 지금도 하는 사람으로서 영어 단어 중이 compromise를 제일 싫어한다. 너희들도 지금은 잘 이해가 안 되겠지만, 내 말을 잘 기억하고 compromise를 제일 미워하거라"하고 말씀하셨다. 그 기억을 되새기며 고사리 같은 내 아이들이 연필을 붙잡고 눈물이 가득 찬 얼굴을 해도 오답이든 정답이든 끝까지 풀어보는 '끙끙 훈련'을 시켰었다. 다행히 이제는 많이 익숙해졌는지, 아예 답안지 안 보는 것을 당연시 여기고 머리를 쓰고 애를 써도 별로 힘들어하지 않는다. 답을 부모들과 맞춰볼 때도 어려운 문제의 정답을, 제 '끙끙거림'으로 맞추었다 싶으면 "앗싸! 맞혔고요!"를 연발하며 쾌감을 느끼는 것 같다. 그러더니 마침내, 성적이 점차 오르기 시작하였고 '배우는 맛'도 느낀 것 같다. 아이들의 성적이 판매영업의 실적이라면, 배우는 맛과 상위권 유지의 맛, 그리고 칭찬의 맛을 아는 것은 우리가 '고객'의 중요성을 깨닫는 맛과 같다. 이것이 본질이고 현실이다. 서론을 좋아해야 한다. 마음을 바꾸어야 한다. 고객을 향한 마음의 모양부터 다시 바로 잡아야 한다. 성경에 보면, "무릇 지킬만한 것보다 네 마음을 지키라 (잠언 4장 23절)"라는 구절이 있다. 세상에 살면서 돈도 지켜야 하고, 체면도 지켜야 하고, 가정도 지켜야 하고, 건강도 지켜야 한다. 하지만 무릇 이 모든 것에 앞에, 지켜야 할 제일 중요한 대상은 바로 '마음'이라는 말씀이다. 필자가 '고객'이라는 단어를 '마음'에 새긴 시기는 1998년 IMF 구제 금융 시절이었다. '흡혈귀의 비애'를 생각했던 바로 그 때였다. 그 당시 필자에게는 큰 위험이 닥치지는 않았지만, 기라성처럼 보였던 많은 판매영업의 선배들이 회사를 그만 두고 다른 일거리를 찾았으며 일선의 영업인이 아닌 영업 관리자로 이직하는 것을 보았다. 모두 어찌할 바를 몰랐고, 본인들의 진로 변경이 해답이라는 생각이 들었던 것 같다. 오기였는지 모르지만 필자는 그 시절 '정면 돌파'를 결정했다. "어떻게 하면 불황에 호황을 누릴 수 있을까? 어떻게 하면 매년 실적이 향상되고 제자리걸음을 벗어날 수 있을까? 옛 말에 '핑계 없는 무덤이 없다'는데 나도 언젠가 핑계를 대며 영업 판매직의 뒤안길로 사라지면 안 되는데"하며 몰입하기 시작했다. 정답은 선명하고 뚜렷했다. 정면 돌파의 대상과 본질은 실적이 아니라 '고객'이었고, 고객들을 내 마음과 인생에 자리 잡도록 내가 노력하는 것이다. 이제 여러분들도 그 '맛'을 음미해 볼 차례다.

값싼 세일즈 마케팅

'고객'이라는 단어를 배우고자 할 때, 반드시 연구해야 할 기업가가 한 명 있는데, 바로 존 워너메이커이다. 앞에서도 잠시 언급한 존 워너메이커의 이름은 우리에게 조금 낯설게 느껴지지만, 그가 이룬 비즈니스의 형태나 일정들은 우리들의 현재 삶에 깊숙이 스며들어 있다.

첫째, 정가로 판매한다.
둘째, 상표에는 소비자들이 알아볼 수 있게 품질 표시
　　　를 한다.
셋째, 거래는 반드시 현금으로 한다.
넷째, 언제라도 반품, 교환이 가능하며 고객이 원하면
　　　100% 환불한다.

요즘도 심심치 않게 내걸리는 이 원칙을 지금으로부터 154년 전부터 선언한 가게의 이름은, 필라델피아에 문을 연 신사복 판매점 '오크 홀'이다. 상점의 주인인 존 워너메이커는 남북 갈등이 일촉즉발의 위기로 치닫고 있던 1861년에 신사복점을 개업하였다. 전쟁의 걱정만도 태산이었을 텐데, 그가 내세운 위의 네 가지 서비스 원칙은 한마디로 '미친 짓'이었다. 당시에는 각 종류의 상점마다 소규모로 장사를 하였기에 같은 품목을 취급하는 다른 상점이라도 가격은 천차만별이었으며, 상품의 장단점을 설명하는 따위의 서비스는 꿈도 꾸기 어려운 형편이었다. 그런데 존은 이와 같이 반듯하고 기발한 아이디어를 내는 데서 그치지 않고, 철두철미하게 자신의 원칙을 끝까지 지켜나갔다. 처음에는 코웃음을 치던 고객들도 있었는데, 시간이 지날수록 그를 믿고 차츰 존의 단골 고객이 되었다. 그 결과 개점 첫날 24달러에 불과했던 이윤이 일 년도 안 돼 2만 4천 달러가 됐고, 십 년 뒤엔 2백 8만 달러로 불어났다. 존이 고객들을 위해 사상 처음 시작한 일은 이것 말고도 많이 있다. 1878년 전기를 처음으로 상점에 설치하였고, 최초로 비즈니스를 위한 어린이 이벤트를 개최했으며, 백화점이란 개념을 처음 도입한 그는 우리가 지금 쉽게 볼 수 있는 백화점 내의 식당, 문화공간들도 차례차례 도입하였다. 1879년에는 신문에 전면광고라는 것을 처음으로 게재

하였으며 전화와 엘리베이터를 점포에 도입한 것도 그가 세계 최초였다. 가난한 벽돌공의 아들로 태어나 백화점 왕으로, 세상을 떠날 때까지 그가 이룬 업적은 실로 놀라움을 넘어 경이로움까지 느끼게 한다. 기업가로써 뿐 아니라 1889년부터 1893년까지 대통령 벤저민 해리슨 행정부의 체신부 장관을 역임하였고, 58세 때인 1896년에는 뉴욕 브로드웨이에 거대한 백화점을 세웠다. 또한 YMCA의 창설자 중의 한 명으로 전 세계에 수많은 YMCA 건물을 지어주었고, 종로 2가에 있던 YMCA 벽돌 건물도 그가 기증한 것이었다. 당시 국제적으로 이름도 알려지지 않던 우리나라에 그가 선행을 베풀었던 것이다. (가난하고 어려웠던 (그의 가정환경)은 사다리 맨 아래 칸에서 인생을 출발해야만 하는 불행한 청소년들에게 꿈과 희망을 무수히 나눠주었으며, YMCA 사역 64년 동안 변함없이 헌신했던 균형 잡힌 삶을 산 사람이었다.) 비즈니스 면에서 그는 세계의 거인이 되었고 그 핵심은 "고객은 왕이다"라는 그의 명언에 모두 들어있다. 매출 증대와 사업 확대를 위한 고객 중심이 아닌, 고객을 왕으로 섬기는 그 마음이 그를 백화점의 왕으로 우뚝 세웠다. 세상을 움켜쥐고 내 것을 챙길 때 부자가 되는 것 같지만, 현실은 그와는 정반대다. 움켜쥐려고 무리를 하고 부정을 저지르는 것은 머지않아 사람들의 눈과 매스컴에 낱낱이 밝혀지기 때문이다. 고객을 진심으로 사랑하려 애를 쓸 때, 실마리는 풀리고 로제타스톤의 비밀이 풀리게 되어있다. 이런 진심 어린 마케팅이 값비싼 마케팅이라면, 반대로 값 싼 마케팅은 무엇인가? 바로 대가를 전혀 지불하지 않는 마케팅이다. 아주 쉽게 판매하고 고객을 잊어버린 채, 나에게 주어진 그 열매에만 취해있는 세일즈가 값 싼 세일즈이다. 하지만 온통 파는 것에만 관심이 있고, 구매하는 사람에게는 전혀 초점이 없는 영혼 없는 판매가 우리의 일상과 상식이 되어버렸다. 가끔 어떤 영업직 사원을 보면, 상품의 내용과 질을 운운하며 회사를 자주 옮기는 일을 서슴지 않는 경우가 있다. 회사와 직업 선택의 자유는 당연하게 보장받아야 하지만 도를 넘어 습관적으로 회사를 옮기는 이들을 보면 '값 싼 마케팅'의 조짐이 느껴진다. 판매영업의 거인들은 상품의 내용과 브랜드보다는 고객의 필요와 고객 자체에 초점을 맞춘다. 상품과 브랜드 자랑은 초등학생에게 가르쳐도 하루 이틀이면 숙련시킬 수 있다. 하지만 고객에 대한 애정 어린 마음과 소중한 감사, 한 가지라도 더 만족시켜주고자 하는 본질적인 가슴은 깊이 생각하고 자신을 뒤돌아보며 준비하는 사람들만이 간직할 수 있는 세일즈 툴이다. 값비싼 대가를 지불하는 마케팅은 심는 대로 거둘 것이다. 기억하라! 값비싼 대가는 '고객을 진정으로 위하는 인간적인 마음'이다.

자녀에게 집중하라

　세상이 많이 바뀌었다. 예전에는 아버지 중심이었던 가정이 이제는 자녀 쪽으로 무게중심이 쏠리고 있다. 이는 다시 한 번 생각해보아야 할 사회적 현상임은 분명하다. 과도한 사교육비로 인한 생활비의 부족, 어른을 공경하지 못하고 자신들만 위하는 이기적인 자녀들, 조금이라도 필요할 것 같다 싶으면 거침없이 요구하는 자제력의 부족 등 이 모든 현상은 우리 아이들의 잘못이 아니라 우리 부모들에게서 그 원인을 찾아야 한다. 주 소비층도 어느새 자녀들 쪽으로 중심축이 옮겨지고 있다. 트렌디한 패션 의류·가방·신발부터 동영상 공부를 위한 PMP·노트북·LED TV는 물론이고, 가끔 있는 가족 외식의 메뉴까지 한 가정의 의사결정 주체는 더 이상 부모가 아니라 자녀임에 틀림없다. 부모들은 어느새 돈만 준비하는 불쌍한 존재들이 되어버렸지만, 아직도 이 현상을 깨닫지 못하고 공부와 성적이라는 명분 안에 갇혀 가정의 핵심 줄기를 놓치고 있는 것 같다.

고객관리의 대명제인 "자녀에게 집중하라"는, 자녀를 통해 부모의 지갑을 열라는 통속적인 마케팅의 개념이 절대 아니다. 제품의 주 구매층과는 상관없이 고객관리는 그 가정 전체를 대상으로 한 것이어야 하며, 특별히 자녀에게 신경을 많이 쓰고 정성을 들이면 그 효과가 실로 폭발적이라는 사실을 이야기하고자 하는 것이다.

손해보험 영업사원인 김명숙 씨(가명)는, 일 년 중 1월과 2월이 가장 힘겨운 시기이다. 3년이 지나 영업의 베테랑이 되었음에도, 한 해의 시작이라 마음이 분주하고 구정 연휴가 있기에 약 2주 정도는 실제적인 판매가 어려울 뿐더러 특히 2월은 영업일수가 부족하기에 김명숙 씨에게는 매해의 1, 2월은 넘기기 힘든 고통의 시간이었다. 하지만 고객관리의 "자녀에게 집중하라"는 비밀을 깨닫게 된 후 그녀의 영업 인생과, 특히 1월과 2월의 상황은 말 그대로 180도 바뀌게 되었다. 김명숙 씨가 다니는 회사는, 단지 그녀뿐만 아니라 모든 영업사원이 겪는 이 고통을 덜어주고자 '연초 실적 달성 캠페인'을 준비하였다. 1월과 2월에 다른 월만큼의 실적만 달성하면, 시상도하고 해외여행도 보내주는 캠페인이었다. 회사에서도 특별히 경비를 지급할 만큼, 매해의 1월과 2월의 실적이 다른 달에 비해 다소 낮은 것이 통계적으로 명확했기 때문이다. 김명숙 씨는 이 캠페인의 목표실적을 궁리하던 중, 불현듯 한 가지 아이디어가 떠올랐다. 모든 기존 고객의 자녀들에게 '효과적이고 상위권 학생들만 쉬쉬하며 풀어보는 학습 문제지를 한 권씩 보내보자'는 생각이 든 것이다. 김명숙 씨는 두 자녀의 학부모였기에 초등학교의 과정 중에 '괜찮은 학습지'에 대한 정보를 항상 가지고 있었으며, 평소 관심도 많았기에 생긴 아이디어였다. 1월초부터 김명숙 씨는 대형 서점을 뒤지고, 잘 모르는 정보는 조카들과 여동생들에게도 문의하여 7세부터 고등학교 2학년까지의 학습지 정보를 정리하였다. 이틀도 채 걸리지 않는 시간이었다. 그리고 비용 절감을 위해 인터넷 사이트를 조사하여 가격비교도 하고, 동네 작은 서점을 들려 가격 흥정도 하였으며, 대형 서점에서 발급하는 적립 및 사용 약관도 점검하여 최저의 가격을 선택하였다.

문구 도매상에서 포장지와 리본, 작은 카드를 구매한 그녀는, 부푼 기대감으로 새 학년을 준비하는 고객 학부모와 학생들에게 정성껏 카드를 작성하여 학습지와 함께 발송하기 시작했다. 카드의 내용은 이렇다.

연주야 안녕? 벌써 초등학교 4학년이 되는구나!

아줌마가 너를 처음 본 게 엊그제 같은데 시간이 벌써 이렇게 지나버렸네? 새 학년이 되어서도 예쁜 공주님처럼 새 친구들에게 따뜻한 배려를 나눠주길 바란다. 파이팅!

PS. 어머니! 저 김명숙입니다. 사실 저도 초등생 자녀가 있는 학부모에요. 작년에 저희 아이가 이 문제집으로 성적이 아주 많이 올랐어요. 은근 비밀인데요, 단원평가 이후 부분을 꼼꼼히 풀려보세요. 처음에는 어려워하겠지만, 성적은 열매를 거두실 거에요. 항상 감사드리며, 늘 고마운 마음입니다. 꼭 풀리셔야 해요!

* 밑줄 친 부분은 〈기적의 레터링〉장에서 추가설명.

이렇게 일차로 50개의 문제집과 카드를 보낸 반응은, 실로 폭발적이었다. 카드에 영업의 내용은 한마디도 없고, 전혀 기대도 하지 않고 꿈도 꾸지 못했던 마음이 고객에게 전달되었기 때문이다. 전화가 끊이질 않고 계속 울려댔다.

"안 그래도 수학 문제집이 너무 많고, 도대체 누구 말이 맞는지 알 수 없어서 고민하던 중이었어요! 혹시 문제집 이름 하나 더 알려주실 수 없나요?"

"어머! 너무 감사해서요. 얼마 전 서점에 갔는데, 보내주신 문제집을 보기는 했는데 안 샀거든요. 보내주신 것부터 공부시키려고요. 정말 감사합니다."

"어쩜, 너무 감격이었어요. 어떻게 이런걸 보내실 생각까지 하셨어요? 역시 자녀 있는 부모라 생각이 깊으세요. 저도 좋은 정보 있는데, 서로 좋은 참고서나 문제집의 이름도 공유해요!"

이런 류의 전화들이 계속 오게 된 것이다.

그런데 정말 고무적인 현상은, 얼굴 한 번 보지 못하고 목소리조차 들어보지 못했던, 고객의 배우자들까지도 전화를 걸어 감사의 표현을 했다는 사실이다. 실로 고객의 범위가 한 명에서 가족 구성원으로 확장되는 순간이었다. 전에는 남편만 손해보험(자동차보험) 고객이었는데, 이제는 보지 못했던 아내까지 슬그머니 고객 반열에 들어오게 된 것이다.

이처럼 고객의 자녀에게 집중한다는 고객관리의 비밀은, 실제로는 기존 고객에게 보내는 또 다른 형식의 관리 시스템이다.

자녀들은 이 때 암울한 느낌이었을 것이 분명하다. 이 문제집을 집어 든 자녀는 "누구이기에, 안 그래도 힘든 내게 또 무거운 짐을 지게 하나?"라고 원망할 수도 있을 것이다. 공부를 싫어하는 자녀일수록 원수같이 느낄 수도 있다. 하지만 그 부모는 문제집을 받아 든 순간, 무릎을 탁 쳤을 것이 확실하다. "야! 요즘 이런 사람도 있구나. 진짜 부모 마음이네, 이 사람. 우리 신랑이 자동차보험 한 번 제대로 된 사람한테 가입했네!"라고 겉으로 말은 안 해도 속으로는 생각하게 되어 있는 것이다.

이런 전화도 왔다.

> "안 그래도, 저희 아이가 수학이 너무 처져서 걱정이었어요. 괜찮으시면 구체적으로 어떻게 하면 되는지 저희 집에 오셔서 차 한 잔 하면서 얘기하셔도 되나요? 바쁘신 분한테 실례인가요? 그런데 제가 워낙 걱정인 부분이라…"

집에 방문하겠다고 하면, 절레절레 도리질을 하며 갖은 변명을 하던 고객들이 이제는 소수이지만 자택으로 방문해달라는 요청까지 온 것이다. 이 끈을 놓치지 않고, 차근차근 고객과의 접점을 늘린 김명숙 씨는 그 해 캠페인에서 남보란 듯이 지점 전체 1등을 차지하였다. 전화가 오지 않은 고객들에게는 문제집을 혹시 잘 받으셨는지 친절하게 전화를 하며, 수학문제집의 핵심지도 사항을 알려드리거나 자녀 육아 중 발생하는 걱정거리 교환 등(teaching point)을 통해 고객과의 친밀감에 아주 확실한 교두보를 확보하게 된 것이다. 결과는 이 정도에서 그치지 않았다. 3월 말 단원평가와 4월 말 중간고사에서 성적이 향상된 아이의 부모들은 감사의 전화와 함께 또 다른 정보를 공유하였다. 그리고 마침내 자연스럽게 가망고객들을 소개 해주기 시작한 것이다. 아주 당연하게 말이다.

김명숙 씨가 학습지와 카드 발송으로 지출한 비용은, 추가적인 한 달을 포함하여 3개월간 총 180만원이었으나, 2월부터 4월까지의 영업수익은 2600만원이 되어 본전을 뽑고도 남았음은 말할 필요도 없게 되었다. 김명숙 씨는 이 3개월간에 소소히 쌓인 노하우를 가지고 2학기까지 연결시켜 큰 자신감을 얻게 되었으며, 그 이후 1~3월과 9~10월은 그녀에게 '불황 중의 호황'을 실감하게 해주었다.

그리고 이 노하우를 주변인에게 절대 공개하지 않고, 본인만의 영업 비밀로 삼아 집과 사무실에서 준비하고 실행하며 고객관리의 지혜를 만끽하였다. 김명숙 씨가 이 시간을 통해 얻은 것은 한두 가지가 아니었지만 그 우선순위대로 세 가지만 요약한다면, 첫째는 일에 대한 자존감, 둘째는 고객관리의 실제적인 중요성, 셋째는 영업실적과 경제적인 보상이었다.

"자녀에게 집중하라"는 비밀의 세부 노하우는 나의 경험상 한두 가지가 아니다.

취학과 전학은 또 다른 기회를 제공한다. 유치원에서 초등학교로 취학을 시작할 때는 문제집보다는 작고 독특한 선물이 더욱 효과적이다. 싸고 독특한 필통, 여자아이들에게는 깜찍한 속바지나 실내화 등도 좋은 아이디어이다. 하지만 반드시 마음이 듬뿍 담긴 카드와 함께 보내야 한다.

중고생은 조금 더 생각해야 하지만 오히려 더 쉽다. 공CD에 마음이 편안해지는 클래식 소품이나 아름다운 선율의 영화음악 등을 담아 예쁘게 포장하여 보낸 결과, 이 공CD는 필자에게 큰 선물을 가져다주었다.

> "요즘 중학생들도 공부할게 너무 많아서 스트레스가 상당하다고 그러더라. 하지만 공부도 몇 년인 것 같아. 머리가 아플 때, 이 음악을 듣고 평안함 찾길 바랄게! 파이팅!"

이런 내용의 카드와 함께 보낸 음악 CD를 자녀만 휴대폰에 담아 버스에서 듣는다고 생각하면 큰 오산이다. 어느새 부모님들, 즉 나의 고객들도 집에서 커피 한 잔 하며 숨 돌리는 순간에, 그리고 막히는 출퇴근의 차 안에서 하루를 시작하고 정리하며 마음을 추스르고 싶을 때 필자가 그 자녀에게 보낸 음악을 듣고 있다는 사실을 심심치 않게 목격한다. 너무 감사하고 또한 내가 자랑스러웠다. 이 외에도 많은 노하우와 아이디어가 있음에도, 지면 사정으로 더욱 나눌 수 없음이 아쉬울 뿐이다. 기억하라.

"자녀에게 집중하라."

언젠가와 1m 앞

엄마의 마음을 아는가? 사랑에 지독한 그 엄마의 마음을
아는가? 내일 도시락 반찬으로 무엇을 싸야 하는지, 냉장고
를 물끄러미 바라보시며 고민하시던 엄마. 아침에 따뜻한 속
옷을 입고 가라고 본인 이불 밑에 낱낱이 펴서 깔고 주무시던
엄마. 형·누나들의 기말고사 때가 되면, 바스락 소리라도 날
까 까치발로 걸어 다니시던 엄마. 과외비를 구할 길이 없으셨
는지, 집에 걸려있던 그림을 가지고 인사동으로 버스 타고 가
시던 엄마. 재수를 마치고 장학생으로 학교에 입학하라는 통
지서를 받아 들고 펑펑 우시던 엄마. 본인은 자녀를 넷이나 두
셨으면서 내게는 큰 손주 하나로 만족하고 둘째는 낳지 않아
도 된다고, 내 인생의 무게까지 걱정하시던 엄마. 필자가 32세
되던 해 우연히 3호선 지하철 안에서 엄마라는 그 지독한 이름
의 사랑 값을 치르시느라 인생을 다 보내신 어머니를 마주치

게 되었다. 당시 판매영업직을 하던 필자는 왼손에 가방을 들고, 오른손에는 벽돌만한 휴대폰을 들고 하루 종일 지하철을 누비며 열심히 일하던 때였다. 나도 놀라고 어머니도 놀라, 우리는 두 손을 마주 잡고 "어디 가세요, 어머니?"와 "요즘 힘들지 않니?"를 동시에 말하면서 서로 웃었다. 어머니는 당시 68세였는데, 나를 하나 남아있는 빈자리에 억지로 앉히셨다. 다음 정거장에서 내리는 나는 어머니의 마음을 편하게 해드리고자 그 한 정거장을 앉아갔고, 어머니와 자리를 바꾸며 두 손을 꼭 잡아드렸다.

고객관리를 하는 마음은 '어머니의 마음'이다. 판매영업직에 종사하는 우리가, 고객을 대하는 마음의 본보기로 삼아야 하는 것은 바로 그 지독한 어머니의 마음이다. 그 마음으로 고객을 바라볼 수 있는 사람은 이 판매영업을 기쁨과 풍성함으로 즐길 수 있고, 무엇을 고객으로부터 더 얻어낼 것인가를 생각하는 사람은 퍽퍽하고 싸늘한 시간들을 꾸역꾸역 견뎌내야 할 것이다.

고객에게 무엇이 지금 필요한지, 그리고 무엇이 부족한지, 어떤 위로가 되어주어야 하는지, 무슨 이야기를 해주면 외롭지 않을지를 매일 고민하고 생각해야 한다. 도대체 냉장고에서 무엇을 꺼내 도시락 반찬을 만들어주면 친구들과 맛있게 먹을까를 고민하는 어머니처럼 말이다. 그런데 이 마음의 속성 중에 한 가지 꼭 설명하고 넘어가야 할 것이 있다. 고객관리는 바로 지금 이 순간부터 시작해야 한다. 하루하루 미루기 시작하면, 땅 속에 금은보화를 묻어두고도 파내고 꺼내지 않는 사람과 똑같다. 최고급 일류 호텔의 뷔페 식사권이 있는데도 집에서 라면을 정성스럽게 끓여먹는 사람과 별반 다를 것이 없다. 사람들에게는, 일을 미루고 연기하고자 하는 유혹이 누구에게나 존재한다. 당장 하지 않아도 큰 어려움이 없다고 생각되기 때문이다. 하지만 고객관리 시스템을 정립하는 것은 대단히 급하고도 중요한 일이다. 자동차로 보자면 엔진을 만드는 일과 같다고 비유할 수 있다. 겉치장을 아무리 해도 엔진이 없고 동력이 전달되지 않으면 모두 쓰레기에 불과하다.

'언젠가 하겠지, 내일 하지 뭐!' 언젠가, 언젠가 하다 보면 1m 앞에 있는 고객관리는 평생 내 손에 잡히지 않은 채, 나와 1m 간격을 영원히 유지하게 되고 말 것이다. '언젠가'라는 이름의 마을을 계속 여행하다 보면 '절대로 그런 일은 일어나지 않는다'라는 마을에 도착하게 된다. 오늘 당장 시작해야 한다.

고객관리 시스템 구축의 시작은 주말 새벽이 가장 좋다. 예를 들어 금요일이면, 온 식구를 다 데리고 나가서 정말 배부르고 맛있는 외식을 즐겨라. 특히 배우자에게는 과거 '선수' 시절에 했던 것처럼 달짝지근하고 입에 착 달라붙는 과실주를 야금야금 먹여라. 두 병은 과하고 한 병 반 정도가 적당하다고 판단된다.

그리고 집에 오면 모두 재워라. 아이들도 재우고, 배우자도 재우고, TV도 꺼버려라. 그리고 식탁이나 책상에 앉아 연필을 들고 조용히 생각하라. 어떻게 하면 지금 당장, 지독한 어머니의 마음으로 고객을 섬길 수 있는지를 말이다.

잠시 후면 '언젠가 하겠지, 오늘은 너무 피곤하다'라는 유혹이 반드시 올 것이다. 이 '차차 마귀'를 내 마음에서 쫓아내지 않으면 내 영업과 가정은 "언젠가 망할 날이 차차 다가올 것이다". '고객정보원장'을 하나씩 적어가고, 모르는 부분을 빈칸으로 남겨두어라. 그러면 내가 고객을 아는 부분이 너무나 적다는 것을 휑한 공백으로 인해 깨닫게 될 것이다. 그리고 앞으로 이야기할 서류들과 양식을 하나씩 만들기 시작하라. 네 살짜리 아이에게 블록 장난감을 사주면, 처음에는 고

작 총이나 자동차를 만든다. 하지만 시간이 지날수록 자동차
가 집이 되고, 집이 다리가 되고, 다리가 마을이 되고, 마을이
성이 된다. 총잡이가 도시기획건축가가 되는 순간이다. 여러
분도 그렇게 될 것이다. 금요일 새벽 모두가 코를 골며 자는 사
이, 1m 앞의 '언젠가'를 움켜잡고 시작하면 고객관리 시스템
이라는 큰 성이 만들어져 당신의 인생과 코고는 자녀들의 인
생을 지켜줄 것이다.

기적의 레터링 시스템

　　노벨 평화상을 수상한 김대중 전 대통령의 정책들 중 필자가 가장 신뢰하고 인생의 지침으로까지 마음에 새겨둔 것이 바로 「햇볕정책」이다. 정치적인 것뿐 아니라, 이 「햇볕정책」은 모든 삶의 테두리 안에서 중요한 가르침이다. 이솝 우화에 나오는 나그네의 겉옷을 벗긴 것은 강한 바람이 아닌 바로 따사로운 햇볕이었다. 인생과 사회는 그 자체만으로도 상당히 불안정하다. 인생은 질병과 죽음 및 생활고와 두려움·걱정 등의 장애물을 거쳐야 하며, 사회나 국가는 질서·범죄·전쟁·부의 분배 등 여러 가지 돌파해야 할 관문이 한 두 가지가 아니다. 이러한 과제들을 직면하고 고쳐나갈 때, 우리가 신중하게 분별해야 할 문제는 과감히 수술을 해야 할 것인지 아니면 몸에 충분한 영양 공급을 할 것인지를 구분하고 행동하는 것이다. 필자는 소시민이지만, 자녀를 키우면서 이런 작은 지혜들을 깨달은 적이 한 두 번이 아니었다. 큰 아이가 돌이 되기 전 어느 날, 모기에 물려 팔뚝이 부어오르기 시작하였다. 열이 오르고 팔뚝은 부어오고, 12개월도 안 된 아이는 힘없이 시름시름 앓기 시작했다. 첫 아이라 경험도 없기에 필자와 아내는 소아를 위한 전문병원에 입원시켰고, 밤낮없이 곁을 지켰다. 만이틀이 지났는데도 아이에게 큰 차도가 없어 우리는 애를 끓었다. 팔에 혈관을 못 찾아 관자놀이 근처의 혈관에 주사를 꽂고 왼쪽 팔에는 영양제를 꽂고… 부모로서 참 보기 힘든 시간이었다. 담당 선생님은 점점 붓기도 빠지고 좋아진다는데 필자로서는 그런 기미가 안 보이는 듯하여, 과감하게 퇴원을 하고 1차 진단을 하였던 집 근처 소아과 원장 선생님께 다시 찾아갔다. 소아전문병원 담당 선생님은 무슨 문제가 발생해도 병원과 본인은 책임을 질 수 없다며 각서까지 쓰고 퇴원을 하게 하였다. 아이도 아픈데 각서까지 쓰라니, 정말 답답한 심정이었다. 동네 소아과 원장님은 다시 찾은 우리 세 가족을 보고, 그 동안 고생 많이 하셨다는 말씀과 함께 약간의 주사를 놓아주신 후 메스로 부어 오른 부위를 절개하기 시작하셨다. 그리고 절개 부분을 조심스레 짜내시며 연신 고름을 닦아주셨다. 한 시간 후 거짓말처럼, 이틀 내내 지속되던 고열은 뚝 떨어져 버렸고, 큰 아이는 정말 편안하게 식은땀을 흘리며 새근새근

단잠을 자기 시작했다. 항생제를 놓아야 할 때가 있고, 고름을 칼로 도려내야 할 때가 있음을 그 때 처음 알았다. 시간이 지나 초등학교 다니는 둘째 아이가 시름시름 감기로 앓기 시작한 때가 있었다. 그 소아과에 며칠을 다녀도 기침과 콧물, 고열이 멈추질 않았다. 참 난감했고 우리 부부는 밤새 교대로 열을 재고 약을 먹이며, 물수건으로 이마와 목을 닦아주었다. 우리 부부는 둘째 아이를 그 날부터 이틀 간 학교에 보내지 않고 푹 자고 푹 쉬게 하면서 만화도 실컷 보여주고 맛있는 삼계탕 죽도 만들어주었다. 코를 골며 자는 딸아이의 이마를 만지는 순간, 이틀 째 되던 그 날에, 열은 온데간데 없어져버렸다. 약을 먹을 때와 푹 쉬며 영양을 공급받아야 하는 때가 각각 다르다는 것을 그 때도 깨닫게 되었다.

고객관리의 또 다른 비밀을 말하려고 이 경험을 들추어냈는데, 그 비밀은 '햇볕정책의 레터링 시스템'이다. 고객들과 만나고 상의하고 식사할 때가 반드시 있어야 하는 것처럼, 일 년 내내 일정하게 고객들에게 햇볕을 비추어야 할 시기가 따로 구별되어 필요한 것이다. 군대로 비유하자면, 보병사단이 직접적인 공격을 하지만 사단 내에는 경리·병참·통신·헌병 등의 지원부대가 항상 공격이 가능하도록 준비를 갖추고 있어야하는 것과 같다고 할 수 있다. "햇볕정책의 레터링 시스템"은 영업과 마케팅의 필요충분조건이고, 필수불가결한 관리 메커니즘이다. 대소강약을 불문하고 모든 회사들은 각 회사의 특성에 맞게 이 시스템을 정착시켜야 하며, 판매전문 직원들도 이 레터링 시스템을 숙지하고 실천하여 안정적이고 공격적인 영업을 전개해 나가야 한다.

기존 고객에게는 그 내용과 시기에 따라, 한 가정을 기준으로 1년에 10통의 레터 및 카드가 발송되어야 한다. 미혼이나 자녀가 아직 없는 고객 가정에는 7~8통 정도의 레터 및 카드가 전달될 뿐 그 본질적인 큰 차이는 없다. 미혼이나 신혼가정도 결국은 시간의 문제이지 온전한 가정을 대부분 갖게 되므로 궁극적으로는 한 가정 당 1년에 10통의 레터 및 카드를 발송하게 되어있다. 문제는 10통의 내용과 시기인데, 이를 다음의 표와 같이 정리해놓았다.

1	성인 남자 생일 기념 카드
2	성인 여자 생일 기념 카드
3	큰 자녀 생일 기념 카드
4	작은 자녀 생일 기념 카드
5	결혼기념일 기념 카드
6	계약 기념일 기념 카드
7	세일즈 상위 관리자 명의의 감사카드
8	크리스마스카드
9	세일즈 담당자의 개인적이고 가슴 아팠던 인생 이야기
10	추석 감사 카드

이 시스템의 활용에서 꼭 기억해야 할 포인트가 세 가지 있는데 그 중 첫 번째는, 반드시 자필로 손수 쓰지 말라는 것이다. 영업 현장에서 오래 일하는 동안 손수 카드와 편지를 쓰는 영업사원들과 매니저들을 보았지만, 단 한 명도 오랫동안 꾸준히 계속 유지하는 사람을 본 적이 없다. 하루 만에 포기하는 사람, 즉흥적으로 시작했지만 한 달을 쓰는 사람은 있어도 6개월을 넘어 2~3년 꾸준히 자필로 카드나 레터를 쓰는 사람을 나는 한 명도 보지 못했다. 하지만 시스템을 활용하면 이야기는 달라진다. 고객이 500명이 아니라 2,000명이 되어도 직접 쓰지만 않는다면 계속적으로 카드나 레터를 보낼 수 있다. 실제로 고객이 100명만 넘게 되어도 자필 카드는 불가능하다고 볼 수 있다.

두 번째, 레터나 카드의 종류별로 세 가지에서 네 가지 정도의 샘플을 준비해놓고 주요 부분만 변경하여 보내야 한다. 고객에게 항상 똑같은 문구의 레터나 카드를 보낼 수 없기에 최대한 많은 종류의 샘플을 구비해 놓는 것이 좋지만, 적어도 서너 가지면 충분하다고 생각한다. 매년 더욱 발전된 내용으로 교체하면서 이 서너 종의 샘플만 유지하라는 것이다. 주요 문구의 변경은 앞 장 표에서 밑줄 그어진 부분인데 이름, 호칭, 표현, 날짜 등 그 고객에 맞게 작성하여 발송하기만 하면 된다. '형님!'이라고 할 고객에게 '과장님'이라고 보내면 감정이 떨어지게 되고, '박사님'이라고 보낼 고객에게 '~님'이라고 보낸다면 이도 역시 마찬가지인 것이다.

세 번째는 반드시 한 번 웃기는 문구를 넣고, 친근감 있게 내용을 작성해야 한다는 사실이다. 차선책으로 프린트를 해서 발송하긴 하지만, 그 내용까지도 기계적이고 인쇄잉크 향이 난다면 그 효과는 큰 의미가 없어지게 된다. 카드의 경우 내용은 길지 않아도 되며 네 줄에서 다섯 줄 정도가 가장 적당하나, PS가 붙는 경우라면 이보다 두 세 줄 많은 정도로 작성하면 된다. 내용이 길다고 좋은 카드가 아니라, 친근한 느낌이 담뿍 담긴 것이 받아서 기분 좋은 카드이다. 하지만 친근한 정도로 끝나서는 안 되고, 한 번은 반드시 '피식' 웃을 수 있는 요소가 들어가야만 한다. 재치 있고 정도를 지켜주는 페이소스가 내포되어있는 유머러스한 카드는 고객에게 상당한 감동을 주고 생활의 활력을 전달한다. 이는 경험에서 우러난 핵심임을 잊지 않기 바란다.

매일 집에 들어가는 길의 우편함에서 보는 통신사와 카드회사 및 세금과 각종 고지서 등의 우울한 소식들 중에 정말 반갑고 유쾌한 내용의 감사 편지와 카드가 배달된다면, 보낸 이가 어찌 사랑스럽지 않겠는가? 당신은 곧, 고객의 인생에서 몇 안 되는 특별한 사람으로 그 맘에 자리 잡게 될 것이다.

이 세 가지 핵심을 잡고, 이제는 그 시기와 상황에 맞게 레터와 카드를 작성해보자.

첫째, 고객부부, 자녀들의 생일카드이다. 우선 생일 카드는 생일 날짜를 정확히 맞추어, 하루 전에 도착하게 해야 한다. 양/음력이 틀려 엉뚱한 날짜에 도착한다면 수고한 노력은 없어지고 당신은 영락없이 아마추어가 되고 만다.

김형태 부장님! 46번째 생일을 진심으로 축하 드려요.

김 부장님도 예전에 어머니가 끓여주시던 생일 미역국 기억나시죠? 저도 그 때 생각이 가끔 나요. 그 때는 귀한 줄 모르고 새벽에 끓여주셨던 미역국을, 학교 늦는다고 대충 먹는 둥 마는 둥 했는데 말이에요. 혹시 손수 끓여 드시는 건 아니죠?

진심으로 축하드리며, 부모님 한 번 생각하시는 귀한 날 되세요.

영준아, 12번째 생일을 진심으로 축하한다.

생일 선물 좋은 거 받았니? 끝내주는 것 쟁취하길 바래!

실은 영준이 세상에 나온 날, 엄마는 고통으로 죽다 살아나셨을 거야! 오늘, 초코파이에 촛불 켜서 '엄마, 저 낳아 주신 감사 선물이에요! 사랑해요!' 해봐. 엄마 눈 빨개지실걸. 진짜야! 물론 알지? 그 때가 영준이 선물 얘기하는 기막힌 타이밍이란 게! 축하해.

둘째, 고객 부부의 결혼기념일은 주년을 정확히 기재하여, 의미를 잘 실어 내용을 적어야 한다. 배우자를 매일 보지만 소중한 줄 모르는 고객들에게, 새삼 배우자의 소중함을 일깨워주는 기회이면 좋겠다.

노공식, 이용주 고객님, 결혼 9주년 진심으로 축하드려요.

60억 인구 중에 인연인지, 악연인지 서로 의지하고, 힘한 세상을 맞들고 사시는 두 분께 하나님의 축복을 진심으로 기원합니다.

저도 13년째, 기적 같이 아내와 살고 있는데, 너무 익숙해서 소중한 줄 몰랐던 것 같아요. 오늘 제가 상상하며 준비한 작은 선물도 받아주시고, 살과 뼈가 타는 밤 되세요. 굿나잇.

필자가 보낸 선물은, 다름 아닌 세일하던 커플팬티였다. 결혼 9년차 부부에게 보낸 두장에 1만 6천 원짜리 커플팬티는 어떤 의미였을까? 취향이 달라 고객이 장롱에 쑤셔 박았건 남을 주었건, 아니면 키득거리며 한 번 입어보았건 사실 큰 문제가 아니었다. 필자가 선물을 보낸 것은 평소 잊고 지냈던 배우자의 소중한 의미를 회생시키는 것이 목적이었기 때문이다. 어떤 고객에게는 타잔과 제인이 입을 법한 속옷을 선물했는데, 그 날 이후로 남자 고객은 아내에게, 사랑하고 싶은 날이면 두 손을 모으고 타잔이 외치듯이 "아~ 아~ 아~ 아~~~"하는 사인을 보내게 되었다고 이야기해주었다. 우리는 이 이야기를 듣고 입에 한 움큼 물었던 짜장면이 다 튀어나와 다시 한 그릇 시켜먹었던 적도 있었다. 그렇게 낄낄거리고, 수준 이하의 농담을 하며 고객들과의 벽이 허물어지고 친분이 쌓여 간다는 것을 필자는 너무 잘 안다.

세 번째는 크리스마스카드이다. 그런데 절대 명심할 것은 12월 첫째 주에 고객 손에 들려져야 한다는 것이다. 어느 세일즈맨의 책에서 배운 것인데, 고객들은 첫 번째로 받은 크리스마스카드에만 크게 감동하고 의외의 기쁨을 주변인에게 자랑하며, 집안의 트리에 꽂아둔다는 것이다. 명쾌하면서도 지혜 있는 가르침이다.

네 번째는 아무 때도 아닌 때 보내는 자필 편지의 복사본이다. 필자는 이 방법으로 많은 고객의 신뢰를 받았으며 내 레터의 팬들이 형성되었고, 심지어 편지를 기다리는 고객도 많아져 큰 도움을 많이 받았다. 1년에 한 번, 고객 숫자만큼 (한 가정 당 한 통) 복사해서 멋없이 보내기만 하면 된다. 기억나는 편지는, 바로 앞 장에서 언급했던 필자가 지하철 3호선에서 어머니를 우연히 만난 것을 적은 편지였다. 큰 가방을 들고 땀 흘리며 지하철을 타고 다니는 내가 안쓰러우셨는지 어머니는 끝까지 내게 손을 흔드셨는데, 어머님의 표정이 왠지 슬퍼 보였고 그 두 눈을 나는 잊을 수가 없어서 그날의 내용을 사실감 있게 백지에 자필로 적어 내려갔다. 성의 없이 복사된 편지를 받아든 고객들의 반응은 정말 열광적이었다. 홀어머니만 광양에서 농사지으시고 자신은 군포에서 결혼 생활을 하는 어느 여자 고객은, 그 편지를 보고 혼자 목 놓아 대성통곡을 했다는 것이다. 그 고객도 딸을 키워보니 이제야 홀어머니의 마음이 느껴지는데 자주 찾아뵙지 못해 늘 죄송하다는 전화 밖에 할 수 없었고, 통화 속의 어머니는 "나는 괜찮으니, 네가 건강해라. 애들만 걷어 먹이지 말고 너도 꼭꼭 끼니 챙겨먹으라"고 입버릇처럼 말씀하셨단다. 그렇게 무거운 마음으로 살던 차에, 내 편지를 받고 그 고객은 어머니에 대한 죄송한 감정이 폭발해버린 것이다. 그 고객은 "엄마! 김 서방한테 얘기해서 이번 추석에는 시댁 먼저 안가고 친정부터 들릴 거야. 매년 시댁부터 가니까 엄마한테는 도둑질하듯 정신 하나도 없이 쫓기면서 갔잖아"라고 이야기 했더니, 친정어머니께서는 오히려 "아서라. 그러다가 김 서방이 화내면 어쩌려고. 네 마음이면 족하다. 아예 그런 말은 입 밖에서도 꺼내지 마라. 알았지?"라고 하시면서 신신당부를 하셨다고 필자에게 이야기해주었다.

또 한 명의 대기업 과장님은 필자의 편지를 받기 한 달 전 어머니가 암으로 투병 중 돌아가셨는데, 그 과장님은 말 그대로 시골에서 논 팔고 소 팔아서 대학을 졸업했다고 이야기했다. 평생 일만 죽도록 해서 거친 얼굴과 깊은 주름만 남아있는 부모님께, 정작 본인은 자신만의 가족을 돌보느라 시골 부모님께 효도 한 번 제대로 하지 못하다가 어머니가 암으로 돌아가시고 만 것이다. 과장님은 내게 전화를 걸어서, 살아계실 때 부모님께 마음껏 효도하라는 이야기를 하고 싶어 전화했다고 이야기하셨다. 그 후 위의 두 분은 나와 급속도로 친해졌고, 서로의 아픔을 나누며 살아가는 이야기를 털어놓을 수 있는 인생 친구들이 되었다. 뿐만 아니라 두 분은 핵심 고객이 되어 많은 친척·형제들을 소개해주었고 후에 이야기하겠지만, 나의 손오공들이 되어주셨다. 이 편지의 내용은 주로 살아가는 이야기가 좋다. 속 썩이는 자녀 이야기, 늘 벌어도 항상 부족한 돈 이야기, 몸이 불편한 형제 이야기, 오래간만에 보너스 받아 지긋지긋한 빚 갚은 이야기, 자녀가 기특한 선물을 해준 이야기… 어느 것이든 편지의 진솔한 소재가 될 수 있다. 사람은 두 가지 문을 통해 서로의 마음 문을 연다고 한다. 첫째는 웃음과 유머이고, 둘째는 나의 아픔과 상처라는 문을 통해 사람들과 마음의 문을 서로 연다는 것이다. 각자의 방향으로 달려있는 문고리를 서로 열면서 말이다.

다섯 번째 레터는, 판매 전문직원의 담당 매니저가 고객에게 보내는 카드 형식이나 레터 복사본이다. 어느 형식이든 좋지만 카드 형식의 간단한 폼을 권장한다. 필자는 매니저에게 이것의 초안을 부탁한 적도 있고, 필자가 직접 내용을 작성하고 매니저에게 확인 받는 경우도 있었다. 지점장 확인 후 발송해도 상관없다. 문제는 내용이다. 고객의 이름은 적을 필요가 없고, 같은 양식으로 집단 발송해도 무방하니 간단하다. 두 번째 해부터는 간단한 인사나 변동사항만 정감 있게 보내면 된다.

안녕하세요, 고객님!

○○○의 김혁재 씨와 같이 일하는 매니저(혹은 지점장) 유성식입니다. 김혁재 씨를 통해 성함은 자주 들었는데 제대로 전화 한 번 못 드려 항상 마음에 걸렸습니다. 김혁재 사원은 요즘 시대에 보기 드물게 농부처럼 뚝심 있게 일하는 사람입니다. 땀의 의미를 잘 아는 친구인 것 같습니다. 많이 도와주시길 부탁드립니다. 또한 궁금한 점이 생기시거나, 김혁재 씨와 갑자기 통화가 안 되시는 경우에는 아래의 연락처로 제게 전화 주시면 무엇이든 정성껏 답변 드리겠습니다. 김혁재 씨와 저와 저희 회사는 고객님의 행복을 위해 작은 것까지 신경 쓰도록 노력하겠습니다. 항상 감사드립니다.

Tel. 010-○○○○-○○○○

유성식 지점장올림

여섯 번째는 계약기념일 레터인데, 카드이건 레터 복사이건 상관없지만 이 경우는 카드가 더 바람직하다. 계약기념일까지 생각하는 판매전문직원이나 회사가 어디 있냐고, 좀 과장이라고 반문할 수 있을 것이다. 하지만 결과적으로, 계약기념일 관리는 매우 중요하다. 나와 고객 간의 관계를 중요시 여기는 내 마음을 보여줄 수 있는, 즉 판매직원과의 연결성을 보여주는 유일한 기회이다.

윤태식 과장님 안녕하세요?

3월 29일은 과장님께서 저와 저희회사를 선택하여주신
지 3년째 되는 날입니다. 왜! 시간이 무척 빠르네요. 그 동
안 많이 도와주시고, 신뢰해주셔서 진심으로 감사 드려요.
저는 시간이 지날수록, 이 직업이 더 어렵고 소중하게 느껴
져서 마음 편한 날이 하루도 없답니다. 고객분들 때문인 것
같아요. 더욱 정직하고 부지런하게 매일 최선을 다하겠습니
다. 참 저 지난 달에 우수영업상 수상했어요.* 늘 도와주신
덕분입니다. 감사합니다.

* 친 부분은 한 달에 한 번 정도, 상황에 맞게 바꿔주면 된다.

마지막으로 일곱 번째는 회사의 성장이나 홍보, 또는 특이
사항을 뉴스거리처럼 1년에 한 번 정도 발송함으로써 회사에
대한 고객의 신뢰성을 높이거나 고객들이 알면 도움이 될 만
한 정보를 간단히 자필로 적어 레터를 복사해 보내면 된다. 예
를 들어 제약회사라면 개발 중인 신약의 홍보일 수도 있고, 은
행의 방카슈랑스 담당자들은 판매했던 은행 고객 중 나의 고
객은 아니더라도 인트라넷을 통해 알게 된 교통사고나 의료혜

택의 실 사례를 간단히 적어 보낸다면 보험 계약의 유지에 큰 도움이 될 것이다. 자동차 영업사원의 경우는 신차 소개보다는 회사가 세계시장에서 얼마나 더 성장했는지, 혹은 사고 시에 무사히 다치지 않은 고객의 이야기들을 사보에서 발췌하여 차량의 안정성을 알려드리는 것도 좋은 아이디어인데 좀 더 신경을 써서 독특한 특징의 레터도 나쁘지 않다. 다만, 추가 판매 등의 부담을 주는 내용은 피하는 것이 좋다.

1년에 이렇게 8번에서 10번 정도의 카드와 레터가 당신 집으로 배달된 적이 있는가? 어느 백화점도, 자동차·정수기·화장품·은행·보험회사도 이토록 고객을 햇볕으로 따뜻하게 비춰준 경험이 필자에게는 없다. 필자도 누군가의 고객인데 말이다. 이 레터링 시스템은 계속적으로 고객을 내 편으로 잡아둘 수 있는 따사로운 햇볕이다.

물러남과 몰입

　여러분의 자녀가 저녁식사를 마치고 방에 들어가 공부를 시작하는 그 순간을 유심히 지켜본 적이 있는가? 자녀가 없다면 과거 여러분이 학창시절 때, 집이나 독서실에서 공부를 시작하기 직전과 직후를 혹시 기억하는지 모르겠다. 부모 입장에서 방문 사이로 빼꼼히 자녀의 행동을 보자면, 속이 터져서 당장 소리를 꽥 지르고 싶은 때가 한 두 번이 아닐 것이다. 일단 힘들게 TV나 PC를 뒤로하고 공부방에 들어가면, 우선 책상 위가 마치 '미친 여자의 속옷'처럼 엉망진창이다. 학생은 느릿느릿 책상을 정리하는데, 이 속도가 부모를 슬슬 열 받게 만든다. 그리고는 무슨 공부를 할까라는 고민에 한참 동안 책상을 응시하더니, 마침내 제일 만만한 과목의 참고서를 힘없이 빼 든다. 그 다음 행동이 가관인데, 오늘 공부할 내용의 시작을 한참 뒤적이더니, 시작 부분을 펴서 손 날 부분으로 쓱쓱 문질러 펴더니 이내 한숨을 푹 한 번 내쉰다. 그리고는 샤프나 필기구를 꺼내서 심을 새로 넣고, 볼펜의 찌꺼기를 닦느라 휴지를 꺼내는 등 상당히 신중한 장인의 손놀림으로 필기구를 고르고 닦고 조인다. 문뜩으로 이 광경을 보고 있자면, 여기까지 오는데 부모도 힘이 겨워 한숨이 나올 지경이다. 힘들게 잡은 필기구를 내려놓고, 콧속 청소를 시작한다. 위험하다 싶을 정도로 깊이 청소를 마치고 나면, 이 때문에 지저분해진 손톱 소제를 시작한다. 비위가 좋은 아이는 방금 전 무엇을 청소했는지도 잊은 채 이로 물어뜯기도 하고, 커터 칼로 손톱 밑을 한참 긁어내기도 한다. 이 아이가 세상에 큰 소리를 내며 태어날 때는 부모가 10개의 손가락과 발가락이 있는지부터 숨죽이며 살펴보고 안도의 한숨을 쉬며 하나님께 감사 드렸었는데, 지금은 그 감사가 무색하게 한 손가락 한 손가락, 정말 열 개 모두를 전심을 다해 청소한다. 청소를 마치면 열 곳을 청소하느라힘이 들었는지, 방안을 뛰쳐나와 물을 마시러 냉장고로 향한다. 사실 내가 더 물을 벌컥벌컥 마시고 싶은 심정이다. 물을 마시고 나서, 거실의 TV를 선채로 2~3분 보더니, 도살장에 가는 소처럼 방에 들어간다. 이제는 정말 공부할 줄 알았다. 오산이다. 귀지 청소를 시작한다. 코도 풀고 안경도 닦는다. 한참을 닦는 걸 보니 많이 안보였던 것 같다. 필통 청소도 한다. 이

쇼의 하이라이트는, 공부를 시작하려는 찰나 책 모서리 종이 부분에 손가락이 살짝 베어서, 밴드를 찾으러 큰 소리를 지르고 손가락을 움켜쥔 채 다시 방을 나오는 것이다. 쇼는 대단원의 막을 내리고, 다시 이 쇼를 시작하기 위해서 방으로 들어가자면 영겁의 세월을 기다리던가, 호통을 치던가 해야만 한다.

이 장면을 연상하며 독자들은 웃음을 지을지 모르겠지만, 바로 이게 다름 아닌 우리들의 자화상이다. 일상의 사소한 분주함에서 물러나야 한다. 그 때서야 중요한 계획을 세울 시간이 비로소 생긴다.

안 될 걱정과 염려를 끌어안고 하루 종일 한숨 쉬는 일, 안 보면 큰 일 날 줄 알고 절대 양보 못하는 일일 드라마를 시청하는 일, 신문을 처음부터 끝까지 풍성하게 읽는 일, 2주에 한 번씩 사우나에 가서 몸무게를 재고 한 숨 자는 일, 지금 안 해도 되는 자격시험 준비를 굳이 하는 일, 하루에 세 끼니를 안 먹으면 큰 일 날 것처럼 한 · 중 · 분식을 구분해 꼭 드시는 일. 정말 중요한 일을 할 시간을 찾아내는 것이 기적이다. 없어도 아무 지장 없는 일상이, 우리 인생의 황금시간을 모두 좀먹고 차지해버리고 있다. 버나드 쇼의 비문에 적혀있는 글귀처럼, "이렇게 우물쭈물 거리다가 내가 이렇게 될 줄 알았지"라는 이야기가 절대 남의 이야기가 아니다. 인생은 딱 한 번 밖에 없기에, 아무리 행복에 빠져만 살아도 아깝고 부족한 것이 바로 내 인생이다. 그 인생이 '지금의 시간'들로 채워져 있는 것은 누구나 안다고 하지만, 정말 '안다'면 이렇게 사소한 일들에 시간을 할애하며 하나도 '안'아까워할까? 물러나야 몰입할 시간이 생긴다. 필자는 일 년에 한 번 가족들의 동의를 얻어, 혼자서 호텔이나 콘도에 2박 3일 씩 묵는 시간을 가졌다. 일부러 집에서 멀리 떨어진 도시를 골랐다. 그 시간 거기서, 1년의 영업 전략을 생각하고 자고, 생각하고 먹고, 생각하고 몰입했다. 그 시간이 모자라면 금요일에서 토요일로 이어지는 새벽, 토요일에서 일요일로 이어지는 새벽에 혼자 생각하고 또 몰입했다.

조용한 몰입의 시간에 최고의 아이디어와 전략이 생각난다. 이런 몰입의 기술은 점점 발전해서 본인조차 깜짝 놀랄 생각들이 구슬 꿰듯 이어진다. 안 해본 사람들이 이 진리를 어찌 알겠는가? 기억하라! 일상의 분주함에서 물러나 혼자 몰입하라. 금은보화를 발견할 것이다.

고객을 눈물짓게 하는 선물들

필자의 책상에는 네 권의 두꺼운 클리어파일이 어느 새부터인가 자리 잡고 있다. 그 안에는 내 기분을 어떤 상황에서도 전환시켜줄 수 있는, 강력한 기쁨들이 잔뜩 들어있다. 바로 가족들, 즉 아내와 큰 아들과 작은 딸과 부모님들에게 받은 종이 선물들이다. 상세히 언급하자면 아내에게 받은 사랑의 포스트잇, 연애시절 엽서, 같이 봤던 영화 티켓, 결혼 후 둘만 갔던 꼼 호텔의 카드 키에서부터 큰 아들의 금상 상장, 어버이날 받은 종이로 만든 카네이션, A로 일관된 자녀 성적표, 선생님의 자녀 칭찬 메모, 나와 봤던 스타워즈 영화 티켓과 종이 포스터 등이다. 작은 딸과 관련된 선물들도 필자에게는 잔뜩 있다. 색종이에 그려 놓은 아빠 얼굴, 고사리 손으로 필자에게 써준 사랑의 편지도 있다. 또한 부모님이 손자 입학이라고 챙겨주신 금일봉에 쓰인 사랑의 메모, 생일 때마다 3만원씩 주셨던 편지 봉투에 적어두신 한 줄 표현 등이다. 필자가 힘들고 말 못할 고민들이 있을 때 이것들을 뒤적이다 보면, 불끈불끈 힘이 솟고 왠지 모르게 가슴이 벅차오른다. '소중한 아내와 또 여행을 가야지, 나 때문에 고생 많이 하는데…, 요 녀석들 때문에 내가 더 힘을 내야지! 부모님께 전화라도 한 통 더 해야겠다. 나를 키워주실 때도 이렇게 힘드셨을 텐데'하는 생각들이, 필자를 다시금 힘나게 하고 소망이 생길 수 있도록 용기를 준다. 네 권의 클리어파일은 내게 무엇과도 바꿀 수 없는 보물 1호에 속하기 때문에, 이사를 갈 때도 필자는 이것부터 챙겨서 차 트렁크에 보관해둔다. 나중에 아이들이 성인이 되어 결혼을 하면 잘 정리하여 선물로 만들어주거나 배우자가 될 사람에게 찬찬히 보여줄 생각이다.

고객에 대한 선물도 이 클리어파일 안의 작지만 큰 선물과 같아야 한다. 특별한 경우를 제외하고 비용은 만 원을 넘지 않는 것을 원칙으로 삼고 있다. 하지만 또 한 가지 원칙은 고객에게 나의 진심을 담아서 정성스럽게 건네주는 것이다. 앞 장에서의 학기 초 학습지 선물도 할인 받으면 8천 원 정도이다. 포장과 우편료를 합쳐도 만원은 넘지 않는다. 이런 가슴 뭉클한 선물을 보내는데도 몇 가지 원칙이 있는데, 반드시 기억할 필요가 있다.

첫 번째, 투자라고 생각하며 최초 세 달을 꾸준히 보내면 그 이후에는 그 효과의 폭발력을 깨닫게 되어, 아무리 말려도 고객에게 선물을 보내게 될 것이다. 되돌아오는 실적은 물론이고, 고객에게서 쏟아지는 칭찬과 함께 내가 보내면서 느끼는 가슴 뿌듯한 사랑의 마음은 그 무엇과도 바꿀 수 없다. 하지만 몇 몇 소탐대실하는 이기적인 판매전문 직원들은 3개월의 투자를 아까워한다. 술 마시고 택시 타고 명품 사는 것만 줄이면, 또 기름 값 아끼고 사우나만 안 가도 그 정도 돈은 마련이 된다. 알뜰살뜰 깍쟁이라 낭비하지 않는 사람이라 하더라도, 자신에게 생활비와 살림을 유지시켜 주는 고객에게 이런 정도도 배려하지 못한다면 정말 근시안적인, 영업할 기본도 안 된 직원이라고 말할 수 있겠다. 일단 3개월만 지속하면, 짠돌이 일수록 더욱 선물에 투자하게 된다는 것을, 나는 장담할 수 있다. 투자할수록 더 많은 수입이 생기기 때문이다.

두 번째는 저렴하지만 아이디어가 톡톡 튀는 선물, 그리고 세 번째는 선물이 반드시 따끈따끈한 내용의 카드와 함께 예쁘게 포장하여 발송해야 한다는 것이다. 등기나 택배로 발송하면 더욱 효과적이다. 분실 염려도 없고 성의가 있으며, 주소 변경 시에도 확실히 반송이 되기 때문이다. 요즘은 택배 비용도 저렴해지고 서비스도 확실하기 때문에 택배 발송을 권장한다.

몇 년 전, 매니저를 할 때 주요 고객이 생일을 맞이했다. 부부가 고객이었는데 남편은 대기업 중역이었고, 부인은 교수님이었다. 부인되시는 고객의 생일이 다가오는데 도대체 무슨 선물을 해야 좋을지 도무지 감이 잡히지 않았다. 남편은 경제적으로도 윤택한 편이라, 내생각에 장지갑을 선물하고 싶었지만 웬만한 것으로는 창피를 당할 수도 있다는 걱정이 앞섰다. 워낙 큰 고객이고 호의적인 분들이라 만 원 정도의 선물이 아닌, 조금 더 비용을 들일 참이었다. 며칠을 걱정하던 중, 기가 막힌 아이디어가 떠올랐다. 미국에 있는 사촌 형이 한국에 혼자 계시는 형의 어머니(필자에게는 이모)에게 보낸 선물 이야기를 들었기 때문이다. 필자는 사회생활로 정신없이 바쁜 두 분을 떠올리며, 인터넷으로 대형 마트에서 장을 보았다. 장바구니에 선택 내용은 미역국용 미역과 소고기 반 근, 멸치 다시팩과 초콜릿이었다. 모두 합하여 5만원이 넘지 않았고, 생일 전 날 저녁에 배달시켰다. 물론 카드는 정성스럽게 내용을 적어 따로 발송하였다. 약 3~4일 후, 남편에게서 내 휴대폰으로 전화가 왔다.

"덕분에 정말 오랜만에 아내의 생일을 행복하게 보냈습니다. 생일선물을 보내주신 날 저녁, 저희는 피곤에 지쳐 각자 집에 들어왔는데, 제가 먼저 들어와서 선물을 배달 받았습니다. 아내도 곧이어 들어와 선물을 보고는 어쩌면 이렇게까지 깊이 생각해줄 수 있냐고 감탄하더라고요. 우리 부부는 그 날 저녁 하루의 피로가 말끔히 씻겼어요. 모두 당신 덕택입니다. 아내가 너무 감사하다고, 백만 불짜리 미역국이었다고 꼭 전해달라고 했습니다. 아내가 바빠서 제가 점심 한 턱 쏘려고요!"

그 다음 주에 필자는 그 고객에게서 점심을 근사하게 대접받았다. 족히 5만원이 넘는 호텔 중식 메뉴였다. 그리고 그 분 사무실까지 가서 이런저런 이야기를 나누었다. 그 때 고객 분은 사무실을 지나가던 아래 직원을 갑자기 불렀다.

"어이, 김 대리! 이리 와보게! 김 대리 ○○회사 ○○ 상품 알지?"

"예, 이사님. 그런데 저도 주변에 아는 영업사원이 있는데…"

"김 대리 내 말 듣고 이 분하고 상의해서 좋은 결정하고, 내게 보고해! 알았지? 다 자네를 위한 거야! 내가 설마 자네에게 나쁜 사람 소개해주겠나?"

김 대리의 대답은 "예" 한 마디였다. 필자는 내 고객에게 민망하여 이렇게 말했다.

"선생님 그래도 강요하시면 안 되죠!"

고객은 아랑곳하지 않고 말을 이었다.

"뭘! 내가 진짜 김 대리에게 좋은 일하는 건데! 내게 한 것처럼만 김 대리에게 잘 해주면 되지!"

김 대리는 필자와 명함을 교환했고, 일주일 후 김 대리는 필자의 고객이 되었다. 5만 원의 선물이 식사 값과 실적까지 합쳐서 80만 원이 되어 내게 되돌아왔다. 사실은 그 이상이었다. 김 대리에게 소개 받아 그 사무실에서 계약이 계속 이어지고 있었기 때문이다. 중역 고객의 든든한 지원 아래 삼국지 관우의 오관돌파처럼 필자는 그 회사에서 거칠 것이 없었다. 만약 그 분의 지원이 없었다면 필자는 회사의 경비아저씨조차 통과할 수 없었을 뿐더러, 필자에게는 그 곳이 유전이 아니라 아무 쓸모와 이득이 없는 사막이었을 것이다. 그 고객이 지방의 공장으로 가게 되면, 그 공장은 곧 필자의 유전지대가 된다. 계열사로 발령이 나면 그곳이 곧 필자의 텃밭이 되어버린다. 한 분의 고객을 잘 모시는 것은 이렇게 중요하고 또 중요하다. 하지만 이런 비밀을 모르는 판매직원들은 한숨을 내쉬며,

사무실에 앉아서 네이버 씨와 하루 종일 이야기하다 퇴근하는 일상을 반복할 것이다.

여자 고객들의 생일은 무척이나 중요하다. 남자 고객보다 더욱 중요하다. 그 자세한 이유는 다른 chapter에서 언급하도록 하겠다.

여자 고객 분들에게 종종 보내는 인기 있는 생일선물 중의 하나는 앞서 "자녀에게 집중하라"에서 언급한 바 있는, 마음의 평온을 찾아주는 노래를 담은 CD와 간단한 초콜릿이다. 이 두 가지를 보통 함께 보내는데, 비용은 5천원을 넘지 않는다. 초콜릿도 절대 비싸고 고급인 것을 고를 필요가 없다. 대형 마트에서 3개가 1세트로 포장된 1~2천 원짜리 네모난 초콜릿도 잘 포장만 해서 보낸다면 마음을 표현하는 데는 전혀 지장이 없다는 것이 필자의 몇 년간의 경험에서 얻은 결론이다. 단, 공CD에 어떤 노래를 선곡하여 CD를 만들어 보낼 것인지는 신중하게 생각할 필요가 있다. 필자가 반응을 물어본 바로는, 청춘 시절에 듣던 추억의 팝송이나 가요와 함께 몇 가지 클래식 소품을 담아서 보내면 아주 흡족해하였다. 사람은 추억의 그리움을 확실히 마음 한편에 가지고 살아가는 것 같다. 그래서 그 향수를 불러일으키는 몇 개의 CD를, 시간이 여유 있을 때 개인용 PC에 저장해놓고 적당하다고 판단되는 것을 선택하여 발송하기만 하면 된다. 계절적인 것도 고려하면 좋고, 남자와 여자도 분류하여 준비해 놓으면 시간이 무척 절약된다. 이 추억을 듬뿍 담은 정성스런 CD를 받아 든 고객들은 너무나 감사하다는 문자 메시지나 전화를 자주 걸어온다. 그리고 여러 개 복사해서 차에서도 듣고 집에서도 듣는다며, 이 작은 선물에 크게 만족해주신다. 감사하고 고마울 따름이다. 어느 고객 부부는 이 소중한 CD를 밤마다, 아이들을 재우고 식탁 위에 앉아서 와인과 함께 즐긴다며 특별한 감사의 표현도 해주셨다. 필자의 작은 정성이 고객들의 평안하고 안락한 저녁시간까지 만들어준 것이다.

결혼기념일 선물로 반응이 좋았던 것 중의 한 가지는, 토요일 저녁의 영화티켓 두 장이었다. 결혼하신 분들은 알겠지만, 아이가 생기기 시작하면 극장가는 일은 '굿바이'인 경우가 대부분이다. 연애기간 중에는 매일 영화와 연극을 보고, 하루에 두 편을 보던 커플도 자녀가 생기면 180도 바뀌어, 집에서 즐길 수밖에 없다. 그것도 아이가 자고 나야, 비로소 제정신으로 볼 수 있게 된다.

한 번은 남매를 둔 결혼 7년차 부부에게, 토요일 저녁 로맨스가 있는 영화티켓을 보내드렸다. 일요일 저녁은, 월요일의 부담이 있기 때문이었다. 그 고객 부부는 월요일에 필자에게 전화를 각각 해주셨다. 너무 감사하다는 것이었다. 재미있는 것은 감사의 내용이 각각 달랐다는 사실이다. 실제 결혼기념일은 목요일이었는데, 그 실제 기념일보다 더 행복했다는 것은 공통적인 의견이었다. 남편은 필자에게 전화하여 "목요일은 애들 때문에 정신이 하나도 없었거든요. 우리 결혼의 열매들이긴 하지만 막상 케이크를 자를 땐 이놈들이 정신없이 시끄럽게 떠들고 수선을 떨어, 우리 부부도 정신이 하나도 없었어요. 애들이 자고 나니 몸도 피곤하고 해서 쓰러져서 자고 말았습니다. 그런데 토요일에는 아주 행복했습니다. 아이들은 이모네 맡기고, 오랜만에 외식도 하고 팝콘도 먹고 커피숍도 가고. 신혼 초에 극장가보고 6년 만에 극장에 가보니 시설도 좋아졌던데요."라고 했다. 아내는 내용이 조금 달랐다. "저희는 2주일에 한 번 정도 시댁에 가요. 좋기는 해도 신경이 많이 쓰이죠. 원래 좀 그런 게 있잖아요. 그렇게 그 날은 신랑이 알아서 시댁에 전화하더니, 볼 일이 있다며 시부모님께서 이번 주는 뵙기 힘들다고 하는 거예요. 저는 그게 더 좋더라고요. 애들도 이모네 맡기니까 좋았지만, 밤이 되니 보고 싶어지더라고요." 남편은 자유로움과 애들이 없다는 것이 좋았지만, 아내는 시댁에 안 가는 것이 좋았던 것 같았다. 어쨌든 두 분은 모두, 필자에게 진심으로 감사하고 좋은 시간이었으며 영화도 재미있었다고 나를 칭찬해주었다. 필자도 그런 고객께 늘 감사한다. 그분들도 남동생 부부와 친구 부부들을 소개시켜주셨다. 세상은 이심전심인 것 같다.

고객님 가라사대

기존 고객관리만으로 매년
실적을 두 배로 끌어올리는 시스템

Chapter 11

실전준비,
손오공을 만들어라

영업은 1인 기업이다, 손오공을 만들어라

고전이 된 영화 〈람보〉에는 몇 가지 인상적인 장면이 있는데, 이러한 장면이 〈람보〉에 대한 확실한 이미지를 관객들에게 전달하고 있다. 그 중 한 장면은 〈람보〉가 사랑하는 여자를 적들에 의해 저 세상으로 보내고, 본격적인 복수를 시작하겠다는 의지를 표명한 장면이다. 그 장면에서 〈람보〉는 머리에 띠를 묶고 복수의 의지가 뚜렷한 눈빛으로 사랑하는 여인의 목걸이를 람보 자신의 목에 건다. 여인의 목에선 제법 길었던 펜던트는 람보의 목젖에 걸린다(목이 굵어서). 또 얼굴에 검은 위장크림을 바르고, 날이 선 단검과 화살촉을 준비하고 착용한다. 수천, 아니 수만의 적들을 향한 람보 1인의 응징이 시작되는 의미심장한 장면이다. 필자는 판매영업직 종사자들을 보면, 자주 이 장면이 연상되고 기억난다. 일 대 만의 싸움, 일 대 십만의 싸움이 말이다. 전문판매직원들은 외로이 세상과 맞서

홀로 싸운다. 그래서 외롭고 힘겹고 눈물이 난다. 사무실을 나서면서 영업의 현장으로 향하는 판매직원의 양 손에는 큼직하고 무거운 가방과 온 세상과 맞서야 하는 휴대폰이 쥐어져 있다. 총이 가방으로 바뀌었을 뿐, 일 대 십만의 람보와 다를 바가 하나도 없다. 안타깝게도 현실은 영화와 차이가 있다. 천명은커녕 열 명, 아니 다섯 명도 상대하기 버겁고, 다섯 명은 고사하고 한 명의 적에게 보기 좋게 당할 수도 있는 것이 영화가 아닌 현실이다. 전문판매직은 '1인 기업'이라는 사실을 절대 잊으면 안 된다. 그렇기 때문에 누군가의 도움을 반드시 받아야만 한다. 사실 두 세 명이 근무하는 아주 작은 소규모 회사조차 사장이 아프거나 혹은 전날의 과음으로 출근을 못했어도 그 회사의 경영에는 큰 차질이 없다. 사장만 없을 뿐이지 업무는 처리할 수 있기 때문이다. 사장이 꼭 가야 하는 거래처라 할지라도 직원들이 사장의 지시에 따라 어떻게 행동해야 할지를 알 수 있다. 이런 경우와 반대로 '1인 기업'인 전문판매직 종사자는, 본인의 일을 대신해 줄 사람이 아무도 없다. 매니저도 여러 명의 직원들과 일하기 때문에 몸이 아픈 '1인 기업 사장'님을 위해 항상 기다리고 준비 상태로 있을 수는 없는 일인데다, 그렇다고 배우자가 해줄 수 있는 일도 아니다. 전문판매직 종사자는 말 그대로 혈혈단신이라는 점을 명심해야만 한다.

하지만 손오공이 괴수들과 싸우는 것을 한 번 상상해보자. 손오공은 머리카락들로 또다른 손오공들을 만들어낸다. 괴수는 도대체 어느 녀석이 진짜 손오공인지 분별해내지 못하고, 허둥지둥하는 사이에 진짜 손오공이 괴수의 뒤로 돌아가 여의봉으로 일격을 가하게 되면 마침내 괴수는 맥없이 쓰러지고 마는 것이다. 손오공은 혼자서 괴수와 맞섰지만, 그는 혼자가 아니었다. 손오공 자신을 돕는 복제 손오공들 덕분에 괴수를 단숨에 이길 수 있었다. 전문판매직원도 클론을 만들어야만 한다. 혼자서는 이 세상과 맞서 싸우는데 분명한 한계가 존재한다. 우리는 영화에 나오는 람보가 아닌 평범한 사람들이다. 전문판매직원에게 복제 손오공은 바로 기존 고객들이다. 판매직원이 길을 걸어가고 잠을 자고 책을 보는 그 순간순간에, 복제 판매직원인 기존 고객들이 상품을 대신 팔아주고 이런저런 홍보를 해주어야만 한다. 여기서 속닥, 저기서 속닥거리는 기존 고객들의 소리가 들려야만 한다. 「부자 아빠 가난한 아빠」를 보면 '부자아빠'가 잠을 자고 있는 상황에서도 '부자아빠'의 자산은 쉴 새 없이, 쉬지 않고 땀을 흘리며 일하고 있다. 그 결과는 이자로 나타나기도 하고 배당금으로 나타나기도 하며, 어느 때는 임대수익으로 돌아올 때도 있다고 한다. 참으로 부러운 일이기도 하고 배워야 할 지혜이기도 하다. 이 책의 핵심을 다른 한 문장으로 이야기 한다면 "기존 고객을 나의 복제 손오공으로 만드는 비결"이라고도 할 수 있다. 만약 기존 고객이 복제 전문판매직원이 아닌 부채덩어리로 변한다면, 자산은 부채+소유주 지분에서 부채만 커지고 양질의 자산은 한 푼도 없게 되어 결국 파산하게 되고 말 것은 자명한 일이다. 생각의 힘을 발휘해야 한다. 작년 했던 영업처럼 올해를 보내고, 올해 한 영업을 내년에 그대로 한다면 절대 발전과 성공은 없게 마련이다. 생각하고 또 생각해서 고객에게 다가가고, 고객을 내 사람으로 만들고 내 영업을 대신 해줄 수 있는 살아있는 자산으로 만들어야만 한다. 괴수에게 잡혀 먹힐 것인가? 아니면 내 든든한 후원자들인 기존 고객들과 햇살 밝은 인생을 향유할 것인가? 모두 당신에게 달려있다.

Clients Master Sheet:
고객 가정 전체를 관리하라

이 시대의 아빠들은 예전보다 파워가 없는 것이 사실이다. 가부장적인 권위가 파워일 수도 있지만, 여러 가지 결정 권한도 축소되었다. 특히 아버지들은 처절한 사회생활에 여념이 없기 때문에 가정이 돌아가는 형편을 잘 모르기 마련이다. 가전제품을 사는 것도 알뜰한 주부들의 정보가 더욱 정확하고, 자동차를 구매하는 것도 가족들이 모두 모여 토의하는 경우가 많아졌다. 예전에는 아버지가 뒷짐 지고 전자제품 대리점으로 나가시면, 어머니는 남편을 따라 사주는 것만도 고마우신지 군소리 없이 그림자처럼 따르셨다. 지불 행위도 물론 아버지의 특권이고 힘이었다. 하지만 이러한 과거의 모든 추억은 말 그대로 역사 속에 사라지고, 〈대한늬우스〉에나 나올 법한 이야기 되어버렸다. 자녀를 어떤 학원에 보내야 하냐는 문제도, 가족여행을 가는 장소도, 심지어는 외식의 메뉴까지 아버지가 아닌 가족 전체가 결정을 하는 행복이 넘치는 가정이 된 것이다. 하지만 아버지들도 좋은 반대급부가 생긴 셈이니 다행이다. 혼자 이것저것 다 결정 하지 않아도 가족 구성원의 의견을 접수하여 동의하면 되기에 뒤탈은 없어진 것 같다. 게다가 아버지의 가처분소득이 줄어드니 투명한 가정경제가 이루어지고, 아버지의 취미생활도 제약을 받아 더욱 화목한 민주가정이되어 뿌리를 내리고 있다. 이런 현실 덕분에 판매 영업인들의 고객 범위는 크게 늘었고, 고객을 만족시키기가 더욱 쉬워지기도 하면서 동시에 어려워졌다.

이제 고객은 아버지나 어머니 한 명이 아니라 고객의 가정 전체를 대상으로 생각 되어져야 한다. 제품의 내용과 수에 상관없이 말이다.

당신이 판매하는 제품이 자동차이건 정수기이건 비데나 가전제품이건, 또는 눈에 보이지 않는 보험이나 연금 저축이건, 은행에서 판매되는 방카슈랑스건 상관없다. 방문 판매하는 여성용 기능성 화장품(하긴 요즘 남자들이나 자녀들도 화장품을 애용한다고 하니)이나 건강식품, 양복, 스포츠의류, 가구 등 모두를 포함한다. 우리나라의 시장성에는 한계가 있고 경쟁자와 경쟁회사는 내가 인지하지 못하는 사이에도 우후죽순처럼 생겨나고 있기 때문에, 대한민국처럼 작은 나라의 판매영업인들은 더욱 치밀하고 전천후 스타일이며 공격적일 수밖에 없다. 어느 가정이건 한 두 번만 아는 사람들을 연결하면 사돈의 팔촌도 친구의 친구인 대한민국에서, 많은 영업 판매직들은 그물망처럼 얽히고 얽혀 있는 게 실상이다. 매일 우편함에는 은행상품 홍보지ㆍ대출 브로슈어ㆍ보험 FP의 상품 소개서ㆍ인터넷과 케이블 TV 복합 상품 안내 등이 끊임없이 쌓이고, TV만 틀면 각 회사들의 1588 상담 전화번호가 번쩍번쩍하는데 무슨 수로 일개 소총을 들고 영업판매직으로서 살아남을수 있겠는가? 근근이 실적을 유지하고 해당 회사에서 쫓겨나지만 않을 정도로 일을 하며, '이 방법이 좋다, 저 방법으로 누가 효과를 보았다더라'하는 소리에 애간장을 태우며 전전긍긍하며 살고 있지는 않은가? 고객 가정 전체를 관리 대상으로 전방위 영업을 즉시 시도해보라. 한 명이라고 생각했던 고객은세 명 또는 네다섯 명이 되어 있을 것이고, 고객들과 마음만 통하게 된다면 그 파급효과는 세 배 네 배, 아니 그 이상으로 커지게 되어있다. 여기에서부터 모든 변화와 폭발이 시작된다.

다음 표는 Clients Master Sheet라고 부르는, 우리 표현의 '고객정보원장'이다. 이 '고객정보원장'은 마치 세계지도와 같다. 이 '고객정보원장'을 통해 모든 판매영업이 시작되고, 막다른 골목이 아닌 영업의 망망대해를 보여준다. 필자도 판매영업을 최초로 시작한 시기에는 가족들과 지인을 합쳐 총 30여 명 정도가 내가 만날 수 있는 사람의 전부였다. 심지어 친형제도 저자의 판매제품을 거절하여 그 당시에는 마음에 큰 상처가 생기기도 하였다. 하지만 상처는 곧 오기로 바뀌었고 땀과 노력으로 150여 명의 고객을 모시게 되었다. 이 때 '고객정보원장'을 고안하고 작정하여 활용하게 되었고, 그 결과는 참으로 엄청나서 굳이 표현하자면 판매영업의 빅뱅(우주 대폭발)이 일어나는 시발점이 되었다. 정말 감사할 따름이다. 게다가 그 파급효과는 실적증진 이상의 효과를 가져다주었다. 150명으로 생각되던 고객의 가족 전체 수를 합치니 500여 명이 훌쩍 넘었고, 500명을 관리하고 한 명한 명을 만나기 시작하니 하루가 정신없이 빨리 지나갔다. 다른 동료들은 변함없이 아침부터 몽롱하게 신문과 인터넷만 응시할 때에, 이른 시간부터 부산을 떨며 자료를 준비하고 빠진 건 혹시 없나 살피며 허겁지겁 늦을세라 뛰어나가 5~6명의 고객을 만나고 돌아오는 그 전철 안에서의 가슴은, 풍성함 그 자체였다. 진시황제의 만찬도 필자가 매일 느꼈던 감정적 풍성함보다는 확실히 못할 것이다.

Clients Master Sheet(고객정보원장)

F.No		1			
C.No		1			
T.No		1	2	3	4
이름		한상욱	이희경	한승우	한승아
성별		남	여	남	여
나이		43	43	15	11
직장명		로제타스톤			
부서					
직책		대표			
장소	구	중구	강남구	강남구	강남구
	동	종로1	역삼	역삼	역삼
H/O		O	H	H	H
TEL		02-000-0000	02-000-0000	02-000-0000	02-000-0000
HP		010-3602-6771	011-555-5555	010-666-6666	010-777-7777
생년		68.06.19	68.10.1	94.08.24	00.09.14
양/음		음	음	양	양
실제 (금년)		7.24	11.08		
청약		96.3.5			
결혼		94.10.15	94.10.15		
주년		14	14		
학년				중2	초4
학교				역삼	세종
특기				디자인	바이얼린
종교		기독	기독	기독	기독
이사 계획		10.05.31			
기타				영화감독	축구

재미있는 것은, 오후 6시 30분경 사무실로 돌아오면 아직
도 동료와 선후배들은 눈이 새빨개진 채 나올 때 보았던 그 자
세 그대로 앉아 인터넷을 하고 있다는 점이다. 필자의 빵빵해
진 자신감 있는 가슴과, 멍한 일부 동료들의 하루 종일 앉아있
는 그 허전함의 차이가 '고객정보원장'이 가져다 준 실적 이
외의 첫 번째 선물이다. 두 번째는 여러 곳에서 들어온 스카
우트 제의와 영업 매니저로의 제의였다. 그 전에도 이런 제안
은 받았지만 회사를 바꾼다던지, 같은 회사라도 영업 관리자
가 되면 내가 잘 할 수 있을까하는 솔직한 의문이 정답을 내주
지 못하였다. 하지만 '고객관리원장'으로 영업을 시작한 후에
는 "이렇게 내가 실제 임상 실험한 결과를 우리 팀원들에게 그
대로 복제시켜주면 되겠구나, 그리고 나도 계속 영업을 병행하
여 전혀 문제가 없게 하고, 오히려 '보여주는 리더십'을 발휘할
수 있겠구나"하는 자신감이 들었다. 그러면 구체적으로 '고객
정보원장'에서 다루어야 하는 항목들을 하나씩 살펴보자. 첫
번째, F.No.는 Family Number의 약자로 '고객의 가정 수'를
의미한다. 쉽게 말하면 '세대 수'라고 생각하면 된다. 두 번째,
C.No.는 Clients Number의 약자로 실제 계약자 혹은 고객의
숫자인데, 회사와 실제로 계약을 체결한 고객의 숫자를 의미
한다. 세 번째는 T No.인데, 모든 가족 구성원 전원을 의미하

는 Total Number의 약자이다. 이 T No.는 우리가 지향하는 가족 전원을 고객화시켜 표현화한 것이기에 그 의미가 상당히 크고, 영업판매인의 장차 키우게 될 마케팅의 스케일과 비례한다. 네 번째 '이름'은 배우자와 자녀의 경우 실수 없이 정확하게 기재할 것이며, 종종 형제자매의 경우 이름이 뒤바뀌거나 받침을 잘못 쓴 경우 민망한 일들이 일어나는 해프닝이 발생한다. 예를 들어 자녀 생일카드에 김영술을 김영순으로 적어 보내게 되면, 노력하고도 아마추어의 수준을 못 넘는 결과를 가져오게 되어, 그 내용이 아무리 좋아도 고객들에게는 무엇인가 3% 부족한 아쉬움을 느끼게 할 뿐이다. 세계적인 명품에는 세심한 부분까지 배려해서 디자인하였다는 사실을 반드시 기억하라. 또한 주의할 점은 호적의 이름과 고객 본인이 사용하는 이름이 상이한 경우인데, 이럴 때는 고객이 원하는 이름을 존중하여 어느 때건 그 이름을 사용하여야 한다. 호적에는 '정화조'라는 이름인데 고객 본인은 '정민재'라는 이름을 사용하고 계시다면 계약서를 제외하고는 '정화조'라는 이름을 당신의 기억에서 삭제하고 전화할 때나 만나서나 가족 앞에서나 혹은 소개를 해주어 소개자를 뵐 때나 편지 안에서도 '정민재'라는 이름만 사용하라는 이야기다. '정민재' 고객은 입으로 직접 표현하지는 않지만, 마음속으로 한 번쯤은 당신에게 감사함이나 혹은 다행스러움을 느끼게 될 것이다. 그 때 당신은 배려할 줄도 아는 프로 영업인으로 인정받게 되는 것이다. 왕은 우리를 평가할 권리와 지위가 있고, 우리는 다만 왕을 섬길 뿐이다. 다섯째, '성별'에서 주의할 점은, 이름이 비슷한 자녀의 경우이다. 요즘 한글의 예쁜 이름을 가진 자녀들이 많아서 '한별'이라는 이름의 자녀가 남자아이였던지 여자아이였던지 혼동될 때가 있다. 실제로 동일한 이름의 여자아이도 있고, 다른 가정의 남자아이도 있어서 정확히 기재하여 놓지 않으면 웃지 못 할 일들이 일어나곤 한다. 한번은 '이누리'라는 이름을 가진 남자아이에게 보내는 생일카드에, 여자아이인줄 착각하고 "누리야, 예쁘고 사랑스러운 숙녀로 자라서 멋진 남자들 사이에 퀸카가 되고, 또 알파걸이 되어서 항상 당당한 너의 모습 기대할게."라고 카드 후반부에 적어 보낸 적이 있었다. 후반부 챕터에서 언급할 메일링 시스템의 일부이기에 시스템에 의해 보낸 것뿐이다. 물론 실수는, 남을 여로 착각하여 '고객정보원장'에 기재한 필자에게 있지만…….

나중에 들은 이야기지만, 초등학교 3학년인 이누리 군이 "도대체 왜 성전환 수술을 해서 예쁜 퀸카가 되고, 힘들어도 당당하게 이겨내라는 편지를 보낸 거지?"라고 했다고 이누리 군의 어머니에게 이야기를 듣게 되었고, 그 때 필자는 얼굴이 화끈거려서 어떻게 변명을 했는지조차 기억이 나지 않았다. 당당하게 전화 걸었다가, 쥐구멍에라도 숨고 싶은 심정이었다. 이누리 군의 어머니는 재미있었고 그냥 일상적인 실수로 받아주시는 듯 "얼마나 고객이 많으셨으면 그러셨겠어요. 이해하죠!"하시면서 웃음으로 마무리 했지만, 필자는 그 통화가 1시간처럼 느껴졌고 "내가 아직도 아마추어구나"하는 자괴감으로 속상해 하였다. 그 때문에 나는 그 가정에 당분간 전화도 하지 못하고, 당당히 소개 요청도 못하여 열심히 하고도 손해 보는 바보 같은 실수를 하였다. 필자는 그저 우과 ♂를 착각한 것뿐인데 그 파장은 나를 참 힘들게 했다. 다시 한 번 멀쩡히 잘 자라고 있고, 지금은 수염이 거뭇거뭇하게 났을 이누리 군에게 성 정체성의 혼란을 준 것에 대해 심심한 사과를 전하는 바이다. 여섯 번째는 '나이'이다. 필자가 고객관리를 하면서 알게 된 새로운 사실 중 하나는, 사람들은 '나이'에 의외로 민감한 반응을 보인다는 사실이다. 생일 축하카드에는 반드시 "46번째 생일을 축하드립니다. 12살이 된 걸 축하한다"라는 나이를 기재하는데, 그 이유는 정확한 숫자의 마력이 고객관리에 구체적인 힘을 주어, 단순히 "생일 축하드립니다"라는 표현보다 고객에게 "이 직원이 나를 개인적으로 잘 대해주는구나. 유능한 사람이네!"하는 느낌을 전달해주기 때문이다.

이때에 46번째를 47번째로 보내면 의외로 싫어하고 꼭 지적해주시는 고객이 있었다. 아마도 나이가 드는 것에 예민하신 분들인 것 같다. 그렇지만 '왕'이시기에 모두 이해가 된다. 자녀에게도 마찬가지다. 어떤 어머니는 통화를 통해 "우리 아이는 미국에서 태어나서, 미국 나이로 8살인데요"라고 말씀하시기도 한다. 필자의 생각과는 다른 것이다. 빈정거릴 수도 있지만, "아! 그렇군요. 그건 제가 미처 몰랐습니다"하고 바로 인정하였다. 그리고 '고객정보원장'에서 수정하고, 새롭게 알게된 정보들을 '기타'란에 메모하였다. 그 어머니에게는 아이가 8살인 사실이 중요한 것이었고, 다음번에도 그런 오류가 있는 카드를 받고 싶지 않으신 것이다. 몇 년 후 그 자녀는 다시 미국으로 가서 학교를 다닌다는 이야기를 들었다. 그것이 "유학인지? 본학인지?"하는 잠깐의 혼란이 있었지만, 어쨌든 고객의 이야기에는 다 이유가 있게 마련이다.

일곱 번째는 '직장명'이다. 예전과 다르게 요즘은 이직이 잦고 개인회사의 사명도 독특한 경우가 많으므로, 이 점에 대비하여 정확히 상황에 맞는 정보를 갖고 있어야 한다. 또한 과거의 기록도 삭제하지 않아야 하며 이직 전 회사와 새로운 창업 전의 사업명과 내용도 잘 파악하고 있어야, 그 고객을 방문하여 대화를 나눌 때도 뜬구름 잡는 이야기가 아닌 구체적이고 살아있는 이야기들을 나눌 수 있다. "아 참! 전에는 어떤 일을 하셨었지요? 아! 스카우트 되셨군요. 축하드립니다. 계속 이 분야에서 커리어를 쌓아가고 계시군요. 그 전 회사에서도 그러셨잖아요!" 등은 왕을 대하는 준비와 태도가 부족한 것이다. 필자는 군 생활을 사단장의 전속부관 임무로 2년을 복무하였는데, 사단장님의 과거 이력까지 모두 숙지하고 있어야 했다. 많은 손님들이 사단장님의 과거 근무지에서 찾아오고, 거기서 인연을 맺으신 분들이었기 때문이다. 고객 한 분 한 분의 직장 이력의 숙지를 통해 고객과 더 가까이, 친밀하게 다가갈 수 있는 것이다. 고객과의 만남은 너무 짧은 시간에 정신없이 흘러가 버리기 때문에 한 마디 한 마디에 그 미팅의 성패가 좌우되는 것이며, 다음에 식사 약속을 할 수 있을 만큼의 친밀도를 지금 한 마디의 준비로 이끌어 낼 수도 있고 썰렁하고 형식적으로 끝내 버릴 수도 있는 것이다. 여덟 번째는 '부서명'이다. 이는 직장명과 함께 고객 커리어의 중요한 요소이고, 후에 언급할 '핵심 고객 50명 만들기 프로젝트'에 중요한 정보이므로 그때그때 빠뜨리지 않고 잘 보완하는 것이 반드시 필요하다. 아홉 번째는 직책이다. 직책은 남자 고객이나 그 배우자와 자녀에게 모두 인생의 성취감을 나타내는 중요한 정보이다. 특히 사원에서 대리, 계장이 되었을 때는 첫 승진의 기쁨이 다른 때

와는 다르다는 것을 반드시 기억해야 한다. 또한 대리에서 과장이 되었을 때는 처음으로 직장 생활 중에서 '長'자가 붙은 때이기 때문에 감격스러운 순간이 아닐 수 없다. 휘하에 '과' 직원들을 리드하고 섬기며 책임을 지는 자리인 것이다. 또한 경쟁자들을 뒤로하고 성취한 승리의 면류관이기에 축하를 받아 마땅한 기쁜 때이다. 이런 것도 제대로 파악하지 못하고 아직도 판매영업직원이 "대리님" 어쩌구 한다면, 나 같아도 "과장님, 저희 제품 한 번 구경해주세요!"하는 처음 보는 어여쁜 직원에게 성은을 옮겨버릴 것 같다. 일반 직장에는 또 묘한 직책이 하나 있는데, 그것은 차장·부지점장 같은 과도기에 있는 직책이다. 생각해보면 이러한 직책은 부장이라는 지도자가 되기 위한 바로 전 단계이기 때문에 특별한 의미를 담아 축하할 줄 아는 지혜가 필요하다. 예를 들어 설명했듯이 이 외에 부장·이사·상무·전무·부사장·대표·회장 들은 각각의 특별한 의미를 포함하고 있다는 것을 반드시 기억하고, 그 의미들과 가치들을 정리하고 기재해놓아 고객들의 승진 시에 마음껏 축하해 줄 근거들을 잘 가지고 있어야 한다. 공기업, 공무원, 의사, 전문직 종사자 등 모두를 포함하여 의미 있게 정리해두기를 당부한다. 열 번째인 '장소'는 고객을 만날 수 있고, 만나기 더 쉬운 곳을 기재해야 한다. 남편 고객은 직장에서 만나는 것이 더 용이한지, 아니면 워낙 바쁜 직장이라 차라리 주말에 집에서 잠시 뵈는 것이 더 용이한지를 파악해야 한다. 일단은 직장으로 해놓고, 한 번 방문해보기를 권한다. 여자 고객도 직장이 있는지, 전업 주부인지를 알고 방문지를 정해야 하는 것은 당연하다. 이 부분을 정확히 해놓아야 다음 장에서 이야기 할 방문 스케줄을 작성할 때 약속이 취소되거나 여러 변수로 시간이 비어버리는 안 좋은 경우를 최대한 피할 수 있다. 열한 번째인 'H/O'는 Home/Office의 구분으로, 아홉 번째의 만날 수 있는 장소의 상대적인 구분에 불과하다. 열두 번째인 TEL은 받을 수 있는 일반 전화를 기재하는 것인데, 요즘 모르는 휴대전화번호나 등록해 놓지 않은 번호는 받기를 꺼려하는 고객들이 많아지는 추세이기에 귀찮더라고 반드시 적어놓아야 한다.

열세 번째인 H/P는 휴대폰 번호인데, 바뀐 번호는 몇 번인지 성실하게 기재하고 포털 사이트나 대규모 SMS 전송 서비스를 사용하는 영업직원들은 그곳에까지 일관되게 정리해놓기를 바란다. 열네 번째, 열다섯 번째, 열여섯 번째인 생일, 양/음 구분, 실제(금년)는 사소하지만 제일 실수하기 쉬운 항목이다. 고객의 생일을 관리해본 경험이 있는 판매 영업직 사원이라면, 대부분 양/음력 생일의 혼돈으로 헛된 편지나 선물을 보낸 경험이 있을 것이다. 없었다면, 고객이 직원이 실수를 굳이 알려주지 않았거나 정말 완벽하게 관리한 경우 둘 중 하나일 텐데 십중팔구 전자일 확률이 매우 높다. 필자는 실제로 어이없는 경우가 있었는데, 그 기억을 아직도 잊지 못하고 있다. 그 고객은 천명이 넘는 필자의 고객 중 열 손가락 안에 들어갈 만큼 중요한 고객이었다. 사회적인 직책도 높아 이름만 대도 웬만한 사람들은 알 수 있는 분이었으며, 인간관계도 훌륭하여 추후 소개를 내심 염두에 두고 있었다. 또한 경제적으로도 부요해서 뭐 하나 빠질 곳이 없는 정말 말 그대로 초특급 고객이었다. 게다가 고객으로 모시는 데만 꼬박 일 년이 걸렸기 때문에 그 가정에 대한 애착과 관심은 이루 말할 수 없었다. 필자는 그 가정에 작은 것 하나라도 축하할 행사가 있기를 목 놓고 기다렸고, 하나도 빠뜨리지 않았다. 마침내 필자가 축하할 첫 번째 행사인 고객 본인의 생일 날짜가 다가오고 있었다. VIP 고객이기에, 이리 저리 궁리한 끝에 정성이 듬뿍 들어있는 작은 선물과 맛있는 케이크 하나를 선물하기로 결정했다. 정성을 표현하고 싶어서 내용물은 작지만 예쁘게 포장하고, 케이크도 하루 전에 예약한 후 시내에까지 나가서 구매하여 만반의 준비를 마쳤다. 이 글을 읽는 독자들은 이 후에 얘기할, 그 민망한 상황을 예상했으리라고 생각한다. 실로 대단히 민망하였다.

고객이 두 손을 맞잡고 감격하여 미소를 담뿍 지어주실 것을 기대하고, 한껏 마음이 부풀어 생일 전 날 저녁 8시쯤 고객의 집으로 두 손이 가득한 채 발걸음을 옮겼다. 손이 부족해서 초인종을 누르기도 힘들었다. 고객은 무슨 일이냐고 어서 들어오라고 하셨고, 잠시 후 내 두 눈을 도대체 어디에 둘지 몰라. 정말 '이런 걸 보고 민망하다고 하는 구나'하는 생각이 들 정도였다. 고객은 오히려 본인이 양/음력을 무심코 알려줘서 이렇게 되었다며 필자에게 사과하였지만, 사과는 사과고 본인은 정말 허탈하고 민망하기 그지없었다. 그 전 날 저녁 나는 우리 아이들과 〈톰과 제리〉라는 고전 명작 만화를 감상했다. 불쌍한 톰이 큰 고깃덩이를 발견하고 흥분해 눈알이 툭 튀어나와 전속력으로 달려가 고깃덩어리를 한 움큼 물었지만, 약아빠진 제리가 그 순간 양손으로 심벌즈를 치는 덫을 만들어 톰의 얼굴이 마치 가는 접시처럼 오그라들고 두 눈을 껌뻑껌뻑하는 장면이 있었다. 어제 필자는 아이들과 톰을 가리키며 낄낄거리고 웃었는데, 왜 갑자기 고객의 집에서 그 생각이 나는 건지 이해할 수가 없었다. 그 고객은 필자에게 "설마 선물과 케이크를 다시 가져갈 건 아니지?"하고 농담하면서 필자를 위로해주기까지 하였다. 결국 미리 선물한 걸로 서로 합의하고,

선물을 고객께 드리고 털레털레 걸어 나왔다. 그런데 이상하게, 경비원 아저씨도 나를 보며 빙긋이 비웃는 것 같고 버스를 타도 기사 아저씨가 피식 거리며 코웃음 치는 것 같았다. 하이라이트는 집에 돌아오자마자 들려오는 아내의 질문이었다.

"잘 전달했어? 좋아하셔? 감동하시는 눈치야?"
"진짜 감동하시더라."

그리고는 속으로 '경비아저씨도, 버스 기사 아저씨도 그런 것 같더라'는 말을 혼자 되뇌었다. 지금은 웃으면서 얘기하지만, 그 때는 정말 끔찍한 순간이었다. 그 다음부터 생일 양/음력을 고객에게 한 번씩 더 물어보고 확인하는 습관이 생긴 것은, 아픔 뒤의 성숙이라 해도 될까?

열일곱 번째는 계약일이다. 숫자에 의미를 부여하는 일은 중요한 영업 전략이다. 그래서 항상 계약 일을 챙기고 "저의 고객이 되어 주신지 3년째 되셨네요." 등의 내용으로 전화, 카드를 통해 관계의 의미를 부여하라. 그 기간과 관계를 재인식 시켜주고 되새김질 시켜줄수록 실제 관계보다 더 큰 친밀감을 느끼게 하고 서로에게 좋은 이미지를 갖게 된다. 어느 남자 고객은 계약일을 몇 년째 챙기는 필자에게 배워, 본인의 결혼기념일을 잘 준비하는 계기가 되었다고 했다. 부인에게 "내가 열심히 밥해줬더니, 당신 이제 사람 됐구나! 단군 왕자님~!"하는 칭찬도 들었다며 필자와 낄낄거리고 웃은 적도 있다. 그 이후 필자는 그것을 메모해두었다가 문자메시지나 카드를 보낼 때 맨 앞에 "안녕하셨어요, 단군 왕자님!"이라고 장난치게 되었고, 가끔 만나면 어렵고 힘든 남자들의 사는 이야기를 서로 털어놓는 친구 같은 사이로 발전하였다. 계약 기념일 카드가 인생의 친구를 한 명 만들어준 셈이다. 열여덟 번째는 결혼기념일이다. 이 결혼기념일과 그 다음 계속 이어지는 결혼 기념 몇 주년, 자녀의 학년·학교·특기·종교·이사 계획은 너무 비중이 큰 것이어서 뒤편에 자세히 설명하고 그 활용의 효과를 언급하도록 하겠다. 다만 '특기' 기재 란에는 자녀들과 관련된 정보들 중 핵심적인 것을 하나씩 정리해놓기를 강조한다. 예를 들자면 '바이올린을 잘함'이라든지 '축구 특기생', '공부 우등생', '과학 올림피아드', '정말 말썽쟁이', '날라리로 부모 고생' 등 인생의 단 맛과 쓴 맛을 동시에 부모에게 안겨주는 고객 자녀들의 정보 중 대표적인 것을 재빨리 파악하여 작성해두어야 한다. 대표적인 것 이외에 부수적인 것도 대부분 빼놓지 말고 기타 란에 적어두고 활용해야 함도 강조하는 바이다. 느꼈겠지만 '고객정보원장'은 군대에서의 '독도법 지도'와도 같다.

지도의 등고선을 잘 살펴보면 새소리도 들리고 물소리도, 바람소리도 들린다고 하지 않는가? '고객정보원장'에는 고객 가정의 웃음소리, 아기 울음소리, 촛불 끄는 소리, 박수 소리, 또 잡채 냄새, 시루떡 향기, 그 밖에 애끓는 소리, 한숨소리들이 모두 들어있는 판도라의 상자이다.

친밀감

우리 주변에 친한 사람들은 많이 있지만, 속마음까지 나눌 수 있는 관계는 많지 않다. 속마음을 나눌 수도 있지만, 우리의 불편한 아픔까지 털어놓을 수 있는 사람들은 정말 찾기가 쉽지 않다. 이런 친구나 선배를 두세 명만 주변에 둘 수 있다면, 험난한 인생길에 그보다 더한 든든함이 어디 있을까? 고객들과의 깊은 친밀감은 판매영업의 성공을 훌쩍 뛰어넘어 당신 인생의 성공까지 이룰 수 있는, 생각지도 못한 큰 선물이 된다. 이러한 고객들과의 친밀감은 그 깊이의 정도에 따라 두 부류로 나눌 수 있다. 행복한 친밀감과 깊은 친밀감이다. 먼저, 모든 고객들을 행복한 친밀감의 수준까지 끌어올리는 것이 우리가 추구하는 바인데, 이를 위해 가장 먼저 선행되어야 하는 것은 판매영업직원의 자기 open이다. 누구에게나 말할 수 있는 일상적인 이야기는 절대로 자기 open의 시작이 될 수 없다. '내가 이 일을 하게 된 진짜 이유, 내가 이 일을 하면서 느끼는 외로움과 고통, 자녀들을 기르면서 점점 포기를 해야만 하는 부모로서의 마음' 등을 이야기할 수 있는 고객들을 한두 명씩 늘려가야 한다. 그리고 이런 행복한 친밀감의 정도가 짙어지면 말 그대로 '깊은 친밀감'을 나눌 수 있는 고객들이 그 안에서 자연히 생겨나게 된다. 이 맛을 느끼게 되면, 영업은 더 이상 일이 아닌 사람을 사귀어가는 '재미'가 되고, 이 '재미'의 폭을 넓혀가고 싶은 욕구가 점차 커져 감을 감지할 수 있게 된다. 그리고 궁극적으로 '친밀감'을 형성한 고객들이 얼마나 헌신적으로 당신을 돕게 되는지를 경험하게 되며, 당신도 진정으로 도움을 받는 것 뿐 아니라 고객에게 도움이 되고 싶다는 뜨거운 무엇인가를 가슴 속 깊이 간직하게 된다. 필자에게는 '김순원'이라는 고객이 있었다. 그 분을 처음 만난 건, 어느 더운 여름 밤 8시경이었다. 필자의 전 직장 지인은 안면이 있는 정도의 사람이라며 남양주시 별내면에서 허름한 액세서리 도금공장을 경영하는 한 여자 분을 소개시켜주었다. 말이 소개지, 그냥 이름과 전화번호 정도를 알려준 것이 전부였다. 정말 어렵게 통화가 되었고 쌀쌀 맞은 응대에 실망감을 느꼈으며, 자택으로 찾아간 첫 번째 방문에 집 앞에서 1시간을 기다려도 고객이 오지 않아 비참한 마음으로 필자는 터벅터벅 집으로 돌아왔다.

두 번째로 방문 약속을 잡고 어렵사리 또 20분 정도를 기다려 구의동의 어느 허름한 빌라에서, 도금공장 여사장님과 그 분의 남편인 '김순원(가명)'씨를 만날 수 있었다. 피곤에 지쳐 들어온 부부였고, 자녀들 두 명도 집에서 부모를 기다리다 지쳐 있는 것 같았다. 네 가족이 모두 지쳐있었지만, 어렵사리 만난 가망 고객인지라, 정말 싹싹하고 최선을 다해 가망 고객에게 나의 제품을 차분히 설명하였다. 필자는 가망 고객과의 첫 번째 만남에서는 절대 계약을 체결하지 않는 원칙이 있기에, 1시간 정도의 프레젠테이션 후 그 집을 나왔고, 일주일 후 별내면에 있는 그 부부의 공장 겸 사무실에서 40분 정도의 추가 프레젠테이션 후 마침내 계약을 하게 되었다. 그 당시 공장에는 여 사장님의 시집 안 간 동생과 약혼녀가 같이 근무하고 있었고, 그 외에 3명 정도가 저가의 액세서리를 도금하는 공장에서 땀 흘리며 일하고 있었다. 너무 열심히 일하는 그 부부와 직원들이 열악한 상황에서 최선을 다하는 삶을 보며, 필자는 더욱 열심히 살아야겠다는 생각과 함께 그 직원들 모두에게 식사를 한 끼 사드리고 싶다는 순수한 동기를 갖게 되었다. 다음 주에 나는 아내와 네 살이 된 내 아들을 데리고 점심시간에 그 공장 근처의 돼지 갈비 집에서 그 공장의 모든 식구를 식사 대접하는 자리를 갖게 되었다. 약30만 원정도의 비용이 지출되었는데, 돈이 문제가 아니라 우리 부부는 우리보다 4~5살 많은 부부 사장님과 직원들에게서 열심히 인생을 살아가는 땀의 교훈을 절실히 배울 수 있었다. 공장 얘기, 자녀 키우는 이야기, 과거 크게 실패했던 이야기 등을 나누며 우리들은 고객과 영업직 사원을 넘어 이 시대를 같이 숨 쉬는 인생의 선후배임을 공감할 수 있었다. 돌아오는 차 안에서 우리 부부는 저런 곳에서 열심히 사는 인생 선배 부부를 존경하게 되는 공감을 하였고, 왠지 가슴이 뿌듯하고 보람이 느껴졌다. 그 다음 주에 '김순원' 사장님의 처제와 예비 신랑도 나의 고객이 되었고, 그 공장의 모든 직원이 한 주에 한 명씩 필자의 사랑스러운 고객이 되었다. 하지만 재미있는 사실은, 한 번도 필자가 먼저 상품을 제시한 적이 없었다는 사실이다. 따뜻한 마음은 우리 부부만 느꼈던 것이 아니라 사장님 부부도 느낀 듯하였고, 자진해서 먼저 필자의 고객이 되고자 했다. 식사 대접 때문이 아니라는 것은 우리 모두 느끼는 사실이었다. 그 후 '김순원' 사장님과 사모님은 약 10명의 고객을 소개시켜주었고, 그 10명에서 파생된 고객은 우후죽순처럼 늘어나고 또 늘어났다. '친밀감', 그것은 놀라운 힘을 갖고 있다.

Clients Visit Line:
하루 6명 만남의 비결

'고객정보원장'을 작성하다 보면, 큰일이다 싶을 정도로 빈 칸을 많이 발견하게 될 것이다. 하지만 걱정할 것은 하나도 없다. 그 공백은 마치 퍼즐을 맞추듯 하나하나 채워질 것이기 때문이다. '고객정보원장'에 빈칸을 남겨두고 기재할 수 있는 것만 다 작성하면 두 번째 작업이 기다리고 있다. 바로 Clients Visit Line이라고 일컫는 '고객방문동선'이다. 판매영업직 사원은 하루에 6명 정도의 기 고객이나 가망고객과 만남을 가져야 충분한 활동량을 채우는 것이다. 아마도 여러분들은 현재 하루 3명 내외의 고객들을 만나고 있을 것이다. 어떤 사람은 개척 영업을 통해 하루에 30명 이상의 가망고객들이게 전단지나 회사 브로슈어, 또는 기념품과 샘플을 나눠주고 있을지 모르겠다. 무척 잘하는 일이고, 박수를 칠 만한 일이다. 하지만 이 책의 목적은 개척 영업을 소개 영업으로 바꾸고, 소개 영업도 기존 고객으로부터 시작하는 관리 시스템을 정착하여 그것만으로도 전년대비 두 배의 실적을 올리는 것에 있다. 개척 영업은 가망고객의 부담감이 없는 만큼 확률이 크게 떨어진다.

축구경기에서 '유효슈팅'이라는 개념이 있다. 상대편의 골문을 향한 위협적이며, 상대편의 골키퍼가 막아내야만 하는 슈팅을 '유효슈팅'이라고 정의한다. 판매영업에도 '유효방문'이라는 것이 실제로 존재한다. 매니저들이 영업직원들의 활동을 도와주기 위해서 구조화 된 관리(Structured Management)라는 개념을 도입하여 영업활동의 효과적인 지원을 하고 있는 조직이 많이 있다. 이 때 '유효방문'의 개념은 매우 중요한 의미를 가진다. 아무리 많은 시간을 할애하여 많은 사람을 만난다고 하여도, 가망고객들에게 실제적인 상품의 가치를 일깨워주는 행위가 일어나지 않는다면 참으로 곤란한 일들이 발생하게 된다. 여러분의 경우도 한 번 되돌아보면 좋을 것 같다. "나는 정말 아침부터 열심히 일하는데도, 큰 효과가 없다" 내지는 "이렇게 열심히 하는데, 언젠가는 좋은 열매를 맺게 될 거야"라고 생각하는 판매영업직원은, 엄청난 착각을 하고 있다는 것을 명심하라. 열심히 일하는 것도 대단히 중요하지만, 이에 앞서 올바르게 일하는 것이 반드시 선행되어야 한다. 방향을 똑바로 잡고 쏘아올린 우주선만이 목적지에 도달하여 임무를 완수하고, 지구로 복귀할 수 있는 것이다. 유효방문이 없는 단순 개척 영업은, 꾸준히 지속할 경우 대수의 법칙에 의해 계약을 가져올 수 있으나 그 노력 대비 결과와 판매영업직원의 자존감 면에서 장려하기 쉽지만은 않은 영업 방법이다. 하루에 가장 적당한 유효방문의 수는 6명이다. 오전에 두 명, 점심시간에 한 명, 오후 시간에 세 명, 이렇게 여섯 명을 꾸준히 유효방문 하는 것이 우리의 목적이다. 네 명이나 다섯 명도 부족하고, 일곱 명은 꾸준하게 지속하기에는 너무 과하다고 하겠다. 새로운 신규 계약 건의 가망고객을 하루에 여섯 명씩 만나서 상담하는 일은 어렵고 힘이 든다. 하지만 기존 고객들을, 또 기존 고객의 배우자나 가족들을 여섯 명 만나는 일은 정말 쉽다. 쉽기도 하지만 더욱 기쁜 것은 재미있고 보람차다는 점이다. 그 기쁨과 재미는, 실제로 이 시스템을 실천해 본 사람만이 느낄 수 있는 특권이다. 하지만 이 때 우리 마음속에 슬며시 들어오는 부정적인 감정이 있는데, 그것은 두려움과 걱정이다. "내가 그동안 기존 고객에게 연락도 제대로 못했는데, 갑자기 전화를 하면 혹시나 화를 내지는 않을까? 계약 당시에는 연신 고맙다는 인사를 하면서 자주 찾아뵙겠다고 약속했는데, 나를 보고 '이 사람이 또 내게서 무엇을 얻어가려고 이러지?' 라는 생각을 하진 않을까"하는 걱정 말이다. 천만에, 그런 두려움과 염려는 괜한 시름이고 기우이다. 기존 고객들은 여러분들이 무척 바쁘고 여러 명의 고객들을 관리한다는 것을 이미 잘 알고 있다. 그리고 기존 고객은 이미 과거에, 여러분들에게 '예스' 사인을 보내고 비용을 기꺼이 지불한 적이 있는 여러분의 편이다. 여러분들의 걱정하는 마음을 자세히 들여다 보면, 기존 고객에게 더 잘 대해주지 못했던 자책감과 미안함인 것을 곧 발견할 수 있다. 그 미안한 마음과 고객에 대한 죄송스러운 마음을 이제는 역전시켜서, 시간이 흐른 뒤에 고객들이 여러분들에게 늘 신경 써주고 배려하여 주기에 송구스러운 심정을 갖게 해야 하지 않겠는가? 그래서 여러분들의 음성만 들어도 "나도 무얼 좀 해드려야 할 텐데…"하고 고민하도록 만드는 것이 이 책의 목적이고, 우리가 바라는 바이다. 전혀 걱정할 것 없이, 기존 고객들에게 만남을 위한 약속 전화를 하라. 그러면 의외로 고객들은 친절하고 반갑게 여러분들의 전화에 응대하여 줄 것이다. 하지만 그 전에 한 가지 작성해야할 양식이 있다. 앞에 언급한 '고객방문동선'이다. 이 양식을 먼저 작성한 후에, 미팅을 위한 전화 접근을 시작해야 한다. '고객방문동선'은 특별시와 도, 그리고 구와 동을 먼저 나누고, 동에 해당 되는 옆 칸에 고객의 이름을 적는 아주 간단한 양식이다. 하지만 이 '고객방문동선'이 얼마나 강력한 '영업적이 무기'인지는 실제 사용하면서 뼈저리게 느끼게 될 것이다. 한 걸음 더 나아가 이 심플한 표 없이, 과거에 어떻게 판매 영업행위를 했는지 매일 감탄하며 의아해 할 것이다. 이 '고객방문동선'은 조금이라도 고민을 하는 '판매영업직원'이라면 누구나 한 번 쯤은 만들어 보려고 생각했거나, 또는 노력까지 해봤을 것이다. 하지만 실제로 작성하여 꾸준히 사용하는 사람은 1만 명 중 한 명도 없을 것이다. 이렇게 장담을 할 수 있는 근거는, 대부분의 영업직원들은 새로운 계약에 몰두한 나머지 기존 계약자를 소홀히 하는 함정에 항상 빠져있기 때문이다. 또 한 가지, 여러분들에게 '고객방문동선'이 필요 없었던 이유는, 하루에 고작 두세 명의 가망고객이나 기존 고객만을 만나왔기에 동선 관리가 없어도 아무 불편함을 못 느꼈기 때문이었을 것이다. 직장에서 가까운 곳이 1순위 방문지이고, 집에서 제일 가까운 곳이 3순위 방문지였으니 말이다. '고객방문동선'을 작성할 때 주의할 점이 두 가지 있는데 첫 번째, 기존 고객과 함께 아직 고객이 되지 않은 그의 배우자까지 모두 양식에 명단을 집어넣어야 한다는 것이다. 두 번째는, 각 사람들이 주로 위치하는 곳과 당신이 방문하여 원활하게 미팅을 진행할 수 있는 곳을 사전에 충분히 고려한 후에 작성하라는 것이다. 직장생활을 하는 고객은 직장에 여러분들이 방문하는 것이 상당히 부담스러워 차라리 저녁이나 토요일에 집에서 보는 것을 편안해 할 수도 있고, 또 그 반대일 수도 있다. 전업주부임에도 혼자 있을 때 집에 누군가가 찾아오는 것을 어려워할 수도 있고, 아닐 수도 있다. 또 전업주부인 줄로만 생각했는데 어느새 가까운 점포에서 아르바이트를 하는 고객도 있을 수 있다. 이런 점을 고려해야 하지만 '고객방문동선' 작성 시에는 완벽한 정보가 없기에, 최대한 기억을 되살려 해당 고객의 위치를 잡아야 한다. 그리고 1회 방문 후나 통화 후에는 이런 사항을 자세히 파악하고 눈치를 살펴 수정ㆍ보완해야 한다. 이런 수정ㆍ보완 작업을 꾸준히 하다 보면 어느새 완벽한 '고객방문동선'이 완성되고, 신규 고객은 별 변동사항 없이 이 양식에 단번에 자리를 잡게 될 것이다. 좀 더 철저하고 효율적인 '고객방문동선'을 만들고자 하는 경우에는, 구 단위 내에서 지하철역 순서대로 '동' 위치를 나열할 수도 있지만, 처음부터 이런 점까지 고려하다 보면 중도에 지쳐 포기할 수도 있기 때문에 실행을 해 가면서 고려해 보기를 권장한다. 자, 이제 '고객방문동선'이 일차로 완성이 되었으면 방문 원칙을 세워야 하는데, 그 첫 번째는 오전에는 전업 주부 고객 두 명을 만나야 한다는 것이다. 전업 주부 고객들은 오후에는 직장인보다 더욱 바쁘기 마련이다. 자녀들이 학교에서 돌아오기 때문에 오후에는 미팅할 겨를이 없는 경우가 많다. 보통 오전 10시경에 첫 번째 미팅 약속을 잡고 11시 10분경에 두 번째 약속을 잡는 것이 제일 적합하다. 첫 번째 약속을 열 시가 넘어 잡게 되면, 다음 스케줄들이 계속 늦어져 하루 종일 "늦어서 죄송합니다."라는 말만 하게 될 수도 있기 때문이다. 때문에 두 번째 시간을 더 선호하는 고객과 첫 번째 시간을 선호하는 고객을 잘 여쭤보고 따져보아야 한다. 세 번째 점심 약속은 직장인이건 전업주부이건 상관이 없다. 다만 업무 중에는 도저히 시간을 내기 어려운 직장인이나, 식사를 해도 될 정도의 친분을 갖고 있는 전업 주부 또는 향후 핵심 고객으로의 발전 가능성이 있는 주부 고객을 대상으로 하는 것이 바람직하다. 오후에 미팅을 할 세 명의 기존 고객이나 배우자는 세심하게 주의할 점은 없으나, 경험적으로 만남의 시간이 약속보다 이삼십 분 늦어도 불평이 없을 성격의 고객을 다섯 번째로 하는 것이 현명하다. 마지막 여섯 번째 미팅할 고객은, 시간이 비교적 충분하고 편한 상담을 누릴 수 있는 여유 있는 성격이나 직위를 가진 고객으로 정하는 것이 좋다. 이러한 원칙에 따라 한 명씩 전화로 약속을 잡아나가면, 아마 잡힌 약속만으로도 큰 성취감을 느낄 수 있을 것이다. 또한 "정말 이렇게 쉽게 약속이 되고, 고객들이 반가워하는구나!"하는 자신감에 판매영업직에 대한 먹구름이

걷히고 푸른 청사진이 다가오고 있음을 느끼게 될 것이다. 전화를 하는 요일도 중요한 포인트인데, 만약 다음 주 월요일부터 금요일이나 토요일까지의 미팅을 정하는 전화 접근이라면 이번 주 화요일과 목요일이 가장 적당하다. 이번 주 화요일에는 다음 주 월·화·수요일의 만남을 정하고, 목요일에는 다음 주 목·금·토요일의 미팅을 정하는 것이 바람직하다. 너무 급하게 약속을 잡으면, 고객들이 부담을 느껴 그 다음 주로 연기하여 1주간의 공백이 생기기 십상이다. 전화를 하는 시간도 하루가 시작되는 오전보다는 조금 느긋해지고 여유 있는 오후 2시부터 5시 사이가 적당한데, 사무실에서 할 시간은 없을 것이고 이동 중에 하는 것이 좋다. 전화로 약속을 잡는 통화의 시나리오는, 간단하고 핵심적이어야 한다. 판매하는 상품이 무엇이건 관계치 않는다. 자동차, 화장품, 보험, 연금, 방카슈랑스, 가전제품 무엇이든 거칠 것이 없다. 상품의 특징에 맞게 통화 시나리오를 작성하면 되지만, 대체적으로 다음과 같은 기본 틀에 조금 살을 붙이면 된다.

"안녕하세요, 오래간만입니다. ㅇㅇㅇ 자동차의 홍길동입니다. 네, 다름이 아니라 다음 주 화요일 중에 고객님께서 구매해주신 저희 차량에 대해서 겨울철 안전진단과 자동차 사용 현황을 점검하고자 잠시 방문 드리려고 합니다. 또 저희 고객관리시스템에 여쭤볼 것도 몇 가지 있고, 내년 캘린더도 드리려고 합니다. 제가 다음 주 화요일과 수요일에 강동구 고객님들을 모두 뵙도록 되어 있어서요. 오전 10시경에 약 20분 정도 시간 괜찮으십니까? 이미 만나 뵌 다른 고객님들도, 만나길 잘했다고, 좋은 정보였다고 모두 만족해 하셨습니다. 아마 100% 의미 있는 시간이 되실 거예요! 화요일 오전 10시경 어떠세요?"

"저희 보험 플랜에 대해 한 번 쯤은 꼭 제대로 설명 들으셔서 불필요하게 납입하는 보험료가 있는지 꼼꼼히 다시 한 번 따져 보셔야 합니다. 제 경험상 모르시던 내용을 많이 발견하게 되실 겁니다."

"새 상품을 권하려는 것이 아니고, 사용하시는 화장품을 더 효과 있게 사용하시는 법을 코치해드리려고 합니다. 제가 자세히 알려드리면 대부분 '아! 이렇게 하면 될

걸 몰랐네! 새로운 방법을 알았군!'하시면서 좋아하시더
라구요."

"저희 방카슈랑스 연금이 어떻게 적립되고 어떻게 수
령하게 되실지 자세하게 설명 드리는 캠페인 기간입니다.
대부분 모르시는 내용들이 발견 되어서, 큰 도움이 되었
고 안심이 된다고 하시면서 만나신 고객들이 좋은 반응 보
이시더라고요."

위와 같이 판매 상품과 계절, 또 회사 판촉물들을 종합적으
로 고려하여 진정으로 고객을 위해 해드릴 수 있는 실제적인
서비스와 연계해서 꼼꼼히 준비하고, 통화는 간략하고 임팩트
있는 시나리오를 준비하면 된다. 통상적으로 두 가지 방문의
목적 및 이유를 이야기하면 되는데, 그 첫째는 이미 구매한 상
품의 상세한 재설명이나 불평사항 설문이다. 두 번째는 회사
나 지점 입장에서 고객들의 정보를 잘못 알고 있거나 최근 업
데이트하지 않아 발생하는 불편이나 민원을 줄이기 위한 것인
데, 이를 '고객 알기 캠페인'으로 표현하여 두 가지 모두 회사
나 지점의 캠페인으로 설명 드리면 된다.

A급 정보를 통한 담쟁이 마케팅

강남 쪽에 위치한 올림픽대로의 한편에는 멋진 담쟁이가 무성하게 자라있는 구간이 있다. 푸르른 여름에는 여름대로, 감정이 묘해지는 가을에는 그 나름대로 이 구간은 멋진 풍경을 연출한다. 담쟁이가 담에 딱 달라붙어 있는 것처럼, 판매 영업직 종사자들은 고객 옆에 찰싹 달라붙어서, 절대로 떨어져서는 안 된다. 하지만 현실은 완전히 상반된 국면을 보여준다. 대형 백화점과 할인 매장은 막대한 자본이 있으면서도 고객에게, 그토록 소중한 고객에게 담쟁이 마케팅을 하지 못하고 바겐세일이나 우편 홍보물·SMS 등만을 통해 고객과 소통한다. 지금은 그럭저럭 회사를 유지할 수 있겠지만, 경쟁자가 나타나면 곧 M/S(마켓쉐어)를 빼앗길 수도 있다. 어느 유명 저서처럼 GOOD은 되지만 GREAT는 못 되는 것이다. 자본력과 인재를 갖추었는데도 위대함의 자리에 못 오르는 기업들을 보면 안타까운 마음을 금할 수 없다. 1인 기업인 판매영업직 종사자나 대형 백화점 또는 할인점 모두 시스템을 통한 담쟁이 마케팅을 통해 개개인의 고객들로부터 존경을 받아야 한다. 세일즈맨과 기업은 고객을 쫓아다니는 것이 아니라, 고객들이 세일즈맨과 판매 기업에게 로열티(충성심)를 갖고 쫓아오게 만들어야 한다. 반드시 그렇게 만들 수 있다. 바로 담쟁이 마케팅을 통해서다. 담쟁이는 멀리서 보면 멋있고 운치 있는 분위기를 자아내지만 자세히 보고 싶어 가까이 가 보면, 먼발치에서 감상했던 것처럼 우아하거나 부드럽지 않다는 것을 금세 느낄 것이다. 다닥다닥 붙어있는 그 형세가 복잡하고 산만하며 조금 징그러워 보일 수도 있다. 아니, 솔직히 좀 징그럽다. 우리는 고객에게 담쟁이처럼 찰싹 달라붙어, 징그럽게 가까이 있어야 한다. 얼마나 딱 붙어 있는지의 정도에 따라 멀리서 보는 우아하고 아름다움의 등급이 결정되어지는 것이다. 담쟁이가 담에 밀착되어있는 비결처럼, 판매 영업직 종사자나 기업은 고객이나 가망고객에게 단단히 고정되어있어야 한다. 그 아름다움을 표현할 수 있는 비결은 얼마나 정확하고 많은 A급 정보를 확보하고 있느냐에 달려있다. 그러면 고객들의 A급 정보는 무엇이며, 어떻게 얻어지는 것일까? 앞 장에서 언급하였듯이, 고객의 A급 정보는 사생활과 연관이 깊다. 얻기가 어렵기 때문에 고객의 사생활이 A급 정보인 것은 절대 아니다. 고객들의 사생활과 소소한 개인적인 정보들이야말로 그 고객을 가장 잘 설명해줄 수 있으며, 그러한 정보를 통해 고객과 소통하고 관계를 맺는 것이야 말로 고객을 감동시킬 수 있는 유일한 방법이기 때문이다. 잠시 후 언급할 커프스링의 예를 참고하길 바란다. 필자가 주로 A급 정보로 다룬 것은 성인 부부의 취미나 특기, 관심사이다. 가장이 무엇을 좋아하는지 잘 살펴야 한다. 술일 수도 있고 그림일 수도, 클래식 음악일 수도, 특정 스포츠일 수도 있다. 동시에 여러 가지 것을 좋아하는 경우가 대부분이라는 것도 잊지 않아야 한다. 넥타이와 진공관 오디오일 수도 있지만, 등산과 담배일 수도 있다. 커피와 트렌디한 셔츠일 수도 있고, 청바지와 야구일 수도 있다. 중요한 사실은 어쨌든 알아내야 한다는 것이다. 여자인 경우는 더욱 다양하고 복잡하지만, 잘 변하지 않고 전문성이 깊고 섬세하다는 특징이 있다. 화장품에 여러 종류와 기능이 있는 것처럼 말이다. 필자는 특히 책·음악·화장품·신발 등 소소한 것에 관심을 많이 갖는데, 그 이유는 선물하기 쉽기 때문이다. 또한 상당히 중요한 포인트 한 가지는, 그 가정의 자녀에 대해서도 잘 알고 있어야 한다는 사실이다. 자녀는 몇 명이고, 정확히 몇 살이며 몇 학년이고, 학교의 이름은 무엇이고, 공부는 어느 정도 하는지, 예술적인 면이 발달 되었는지, 스포츠나 다른 특기는 없는지 구체적으로 알고 있는 것이 좋다. 이처럼 나열하기에 너무 많은 종류의 정보는 어떻게 구할 수 있는가? 해법은 고객의 집에 한 번 방문하면 된다. 어떻게든 방문해야 한다. 어떤 구실을 대건, 변명을 하건, 선물을 제공하건, 그 목적은 반드시 달성해야 한다. 제일 좋은 방법은 앞서 언급한 두 가지 캠페인을 사용하는 것이다. 고객의 집은 모든 보물이 즐비한 A급 정보덩어리이다. 거실과 방과 부엌에는 정보들로 가득가득 채워져 있다. 그 정보들을, 고객의 집에서 나오는 순간 모두 메모해야 한다. 휴대폰의 전원을 켜기 전에 말이다. 그렇지 않으면 모두 망각되거나 혼돈되고 만다. 오랜 경험해서 하는 충고이니 잘 염두에 두길 바랄 뿐이다. 이런 A급 정보는 전쟁의 교두보와 같다.

일단 교두보가 확보되면, 상륙하고 정복하는 건 시간 문제이다. 이 엄청난 교두보를 확보하기 위해서, 수많은 레지스탕스가 희생되었으며 오랜 시간의 기다림이 있었던 것이다. 기억하라. 고객의 소소한 정보들은 큰 전쟁의 교두보라는 것을!

Reference Tree Map:
고객은 소개를 해줄 수밖에 없다

공부를 잘하는 학생들의 한 가지 공통점은, 공부하는 재미와 맛을 기억하고 계속적으로 추구한다는 것이다. 대부분의 학생들이 학업과 시험을 지겹게 여기는 것은, 그 기쁨을 깨닫지 못하고 수동적으로 끌려만 가기 때문이다. 필자가 공부의 재미를 느낀 시기는 초등학교 5학년 2학기 때였다. 그전에는 어린 나이인데도 공부가 얼마나 지겹던지, 시험기간 전에는 항상 "전쟁이 나서 이놈의 시험을 안 봤으면 좋겠다"라는 무시무시한 생각을 했고, 심지어 "학교에 불이 났으면 좋겠다"라는 구체적인 상상을 했던 적도 있었다. 얼마나 공부와 시험이 싫었으면 열두 살짜리 아이가 이런 생각을 했었겠는가? 하지만 장담컨대 이보다 더 기발한 생각을 했었던 나와 비슷한 독자들도 아마 정말 많았을 것이다. 필자는 다행히 5학년 2학기 첫 시험에서 터닝 포인트를 맞았다. 어쩌다 좋은 성적을 거두게 된 것이다. 60명 중 고작해야 7~8등을 하던 아이가 2등을 했으니, 내게는 큰 사건이었다. 부모님의 칭찬과 뜻하지 않은 선물, 필자를 향한 선생님의 전과 다른 눈빛도 내게는 큰 기쁨이었다. 친구들도 "어쩐 일이냐?"는 관심도 있었지만, "도대체 어떻게 공부했느냐? 어느 선생님과 과외를 하느냐? 무슨 참고서를 쓰느냐?" 등 시샘 어린 질문들도 이어졌다. 하지만 필자를 제일 흥분시킨 것은, 혼자 몰래 좋아했던 여학생의 필자를 향한 놀라운 눈빛이었다. 그 여학생은 차분하고 야무진 성격으로 항상 1등에서 3등 사이를 오고 갔는데, 필자가 어느 날 그 여학생을 뒤로 제치자 약간 무시했던 필자를 잠재력 있는 남학생으로 보는 눈치였다. 그때부터 필자는 그 여학생에게 힘겹게 심어준 나의 변화된 우등생 이미지를 뺏기지 않기 위해 정말 열심히 공부하기 시작했다. 어느덧 그 여학생의 시선과 상관없이 필자는 선두를 차지하는 재미에 빠져버렸고, 선생님과 부모님의 필자를 향한 기대치도 고정되는 듯 했다. 가족들의 화목한 대화시간 중에도 30분이 지나면, 필자는 혼자 뚜벅뚜벅 방으로 들어가 공부하기 시작했다. 명절이나 연휴에도 선두를 놓치지 않기 위해 시간을 내어 수학 문제를 푸는, 혼자만의 시간을 즐겼다. 맛을 알게 되니 필자를 말리던 방해요소가 시시해졌다. 만화책이나 TV 외화도 절제할 수 있는 강한 동기와 힘이 생긴 것이다. 정말 지겹고 힘들었던 일들도, 한 번 맛을 느끼게 되면 그 무엇도 나를 멈추게 할 수 없는 것이다.

판매영업직 종사자에게 소개는, 아무리 강조해도 지나침이 없는 핵심 중의 핵심이다. 학생들에게 있어 공부처럼 말이다. 반드시 한 번은 소개의 맛을 제대로 보아야 한다. 30명의 지인으로 시작했던 사업이 천 명의 고객을 불러온 이유는, 소개의 맛을 제대로 느꼈기 때문이다. 그 맛은 절대적이고 확실하다. 어느 누가 개척이나 세미나, 우편 발송 마케팅 방법을 침이 튀게 강조하고 그 성공사례를 전파한다 해도 나는 절대 흔들리는 법이 없다. 물론 성공한 타인의 마케팅 방법을 참고하고 열심히 귀를 기울이지만, 그 이유는 '소개'라는 나의 큰 믿음의 기둥에 여러 개의 가지를 붙이고, 데커레이션을 더하기 위해서일 뿐이다.

기존 고객으로부터 신규 가망고객에 대한 소개를 받는 일은 아주 쉽고 재미있는데, 이 과정은 구체적으로 세 가지 단계로 나뉜다. 첫 번째 단계는 기존 고객과 만나거나 접촉하기 전에, 소개 받기 위한 준비를 하는 것이다. 이 절차를 '소개를 위한 묵시적 동의'라고도 부른다. 이를 위해 준비해야 할 양식 또는 표가 있는데 바로 Reference Tree Map이라고 부르는 '고객 소개 나무 지도'이다. 생략하여 '소개 나무 지도'라고 지칭할 수도 있다. 그 내용은 다음 페이지와 같은데, 대단히 흥미롭고 간단하며 색깔 별로 구분되어있다. 최초의 계약자를 중심으로 하여 이 계약자가 소개시켜주면서 기 고객이 된 분들의 이름과 관계를 지도형식으로 색상의 구분도 하여 보기 쉽게 만든, 이를테면 '고객의 족보' 같은 것이다. 한 판매영업 직원에게 이런 '소개 나무 지도'는 여러 장이 될 텐데 그 이유는 소개가 시작이 되는 계약자에 따라, 그 수만큼 점점 늘어나기 때문이다. 이 지도를 처음 그려나가고 또 한 명의 계약자가 생겨날 때마다 보완해나가는 것은 대단히 재미있는 작업이다. 마치 어릴 적 사내아이들이 종이 딱지를 한 장 한 장씩 모아나가거나, 프라모델 탱크 또는 비행기의 조각들을 맞춰나가는 것과 흡사한 기분이 든다. 여자아이라면 종이 인형 옷을 한 개씩 모으거나, 예쁜 수첩들을 얻어가는 과정이라고 생각하면 딱 맞을 것 같다. 반드시 해야만 하는 중요한 작업이니 꼭 작성하기 바란다. 작성하는 방법은 최초의 계약자를 중심으로 그의 소개에 따라 한 명씩 고객이 된 사람들을 연결시켜나가면 되는데, 첫 계약자를 도표의 중심에 두고 부부는 '='로 표시하고 나머지 사람들은 '−' 표시

Reference Tree Map(고객 소개 나무 지도)

가 족	=	부 부
친 구		날짜기재
직 장		
지 인		

```
이명은 = 김희은 — 백주선 = 최문선
         |
       이경진
         |
윤유진 = 김병선 — 이주희 = 김여은
                          |
                        김여주
                          |
                        김여진
```

로 이어간다. 색깔의 구분을 보면 부부나 혈육, 예를 들어 형제 · 사촌 · 또는 부모 등은 '피'를 상징하는 붉은 색으로 연결하고, 친구들은 푸른색, 기타 지인들은 초록색, 직장이나 사회생활 중 알게 된 사람들과 소개자들은 검정색을 이용하여 선을 연결시키면 된다. 이 '소개 나무 지도'를 차분하게 준비한 후, 홍길동이라는 기존 고객을 방문하는 시기에 홍길동 고객이 포함되어있는 '소개 나무 지도'를 보여주면, 홍길동 고객은 큰 관심을 보이게 된다. 본인을 소개시켜준 지인과 또 그 지인을 소개시켜준 사람, 또한 홍길동 고객이 소개시켜준 사람과 그 사람이 계속 소개시켜준 사람들이 모두 계약자가 되어있는 현실에 홍길동 고객은 놀라움을 금치 못하게 된다. 어떤 고객들은 놀라움에 대한 내색을 하지 않으며 "나 모르는 사이에 돈 많이 버셨네요! 한 턱 내셔야겠어요!" 하며 씩 웃기도 한다.

소개의 두 번째 단계는, '소개의 순기능 교육'이다. 판매영업직 종사자는 고객에게 소개의 정당성을 부여할 준비를 항상 하고 있어야 한다. 대부분의 영업직원은 고객에게 소개를 요청하는 일에 매우 소극적이며 자신감이 결여되어 있고, 모기만한 소리의 부탁조로 이야기한다. 이런 태도는, 더욱이 고객으로부터의 소개를 힘겹게 만들고 영업실적을 저하시키는 큰 요인이 된다. 마치 하수도나 변기가 막혀, 뻥 뚫리지 않고 계속 답답한 상태라고 할 수 있다. 고객에게 언제나 소개의 순기능 교육을 주도적으로 시켜야 한다. 특히 위에서 언급한 '소개 나무 지도'를 고객에게 보여주며, 설명한 직후에 이 교육을 하면 효과가 만점이다. 교육의 주요 내용은 '상품 설명'이 아닌 '소개의 이유와 효과'에 집중되어야 한다. 예를 들어 '비데'를 판매하는 영업사원의 경우에는 "고객님께서 한 명의 고객을 소개시켜주시는 것은, 단순히 제가 한 명의 고객을 더 확보하는 것 이상의 의미를 가집니다. 요즈음에는 가정뿐만이 아니라, 관공서, 일반 사

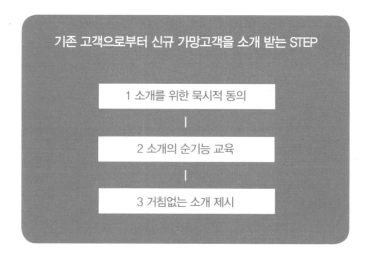

기존 고객으로부터 신규 가망고객을 소개 받는 STEP

1 소개를 위한 묵시적 동의

2 소개의 순기능 교육

3 거침없는 소개 제시

무실까지도 비데를 선호합니다. 그 이유는 사용자의 건강과 사용 환경의 청결성 때문입니다. 비데 사용자는 그 반대의 경우에 비해 치질, 치루 및 각종 염증의 발병 확률이 현저히 낮기 때문에 가족 전체나, 직원 전체가 청결한 위생 상태로 건강을 지킬 수 있습니다. 만약 고객님의 단순한 소개로, 그 분이 만족하셔서 저희 고객이 되신다면, 고객님은 곧 이런 일들을 잊어버리시겠지만 그 분들의 가족이나 직원들께는 '건강'이라는 큰 선물을 하는 것 아닙니까? 당장 표현은 안 하겠지만 모두들 얼마나 마음속으로 고마워하겠습니까? 고객님도 입장을 바꾸어 생각하신다면 매우 감사하게 생각하실 겁니다. 그러니 한 분을 소개시켜주시는 일은 모두에게 좋은 일을 베푸는 것과 같습니다"라고 이야기할 수 있다. 또한 보험의 상품의 경우라면 이렇게 말할 수 있을 것 같다. "홍길동 고객님, 고객님께서 한 분을 소개시켜주시는 일은, 단순한 소개 그 이상입니다. 왜냐하면, 만약 고객님의 소중한 형제나 친구가 갑작스럽게 운명하시게 되거나, 치명적인 질병을 얻게 된다면 홍길동 고객님께서는 아마도 몇 십만 원, 혹은 몇 백만 원정도의 조의금이나 치료비를 준비하는 것이 최대의 성의 표시일 것입니다. 하지만 이런 단순한 소개를 통해 고객님의 형제나 친한 친구 분이 저희 상품에 가입하시게 된다면, (물론 꼼꼼히 따지신 후 마음에 드실 때지요) 그 분들께는 억대의 조의금이나 치료비를 드리시는 것과 같은 효과를 내면서, 그 어린 자녀들에게는 일생 최대의 은인이 되실 수도 있지 않겠습니까? 이렇게 가치 있고 소중한 일입니다. 정말 가깝게 지내시고 인생에서 아끼시는 분들을 소개해주십시오." 이렇듯, 얼마든지 당당하고 정당성을 교육시키며 소개를 받을 수 있다. 자동차의 경우도, 그 생명의 안정성을 강조할 수 있고, 가전제품도 내구성과 절전성을 절약과 연결시켜서 "지구를 살리자"고 고객을 교육시킬 수도 있다. 어떤 상품이건 우리는 기존 고객들에게, 새로운 가망고객들이 그 상품이 없기 때문에 받는 아픔과 불편함을 설명하고, 기존 고객의 그저 단순한 소개행위로 인해 가망 고객이 합리적인 판단에 따라 해당상품을 구매한다면, 우리가 적극적으로 해결해줄 수 없는 일들을 해결하여 그 가망고객은 큰 혜택을 누리는 것이고, 당신에게 마음속으로건 겉으로건 감사를 할 수 밖에 없다는 것을 교육시키는 것이 바로 이 두번째 단계인 것이다.

세 번째의 소개 단계는 '거침없는 제시'이다. 첫 번째 단계인 '고객 소개 나무 지도'를 통해 지금 앞에 있는 당신(기존 고객)을 중심으로 앞뒤의 많은 당신(기존고객)의 지인들의 나의(판매영업사원) 고객이 되어버렸음을 설명하고, 둘째로 그 다리 역할을 한 소개행위에 대한 순기능을 교육시켰는데도 마지막에 고객 앞에서 쭈뼛거리는 행동을 한다면 정말 한심한 일임에 틀림이 없다. 축구로 비유하자면, 수비진영에서 미드필드 지역을 거쳐 장대의 골키퍼 눈앞까지 갔음에도 불구하고 어이없는 '불발의 슛'을 질러, 온 관객을 실망시키는 것과 마찬가지라고 하겠다. 두 번째의 '소개의 순기능 교육'이 끝나면 당신은 거침없이 정확한 어조로, 구체적인 가망 고객 한 명 한 명을 거침없이 제시하여야 한다. 절대로 고객에게 공이나 키를 내어주어서는 안 된다. 예를 들자면 "고객님 그렇기에 제일 소중히 여기시는 동생과 형님을 소개해주십시오"라던가, "늘 같이 점심식사하시고 커피를 드시는 제일 친한 직장 동료와 후배를 소재시켜주세요."라고 하면서 구체적인 인물을 지목하여 제시하는 것이다. 이러한 구체적인 지목 행위는 판매영업직원의 입술에서 자동적으로 나올 수 있도록 몇 번 연습을 하고 훈련하여야 한다. 또 다른 예를 들자면 '같이 협조해서 업무 보는 옆부서 직원이나 동료, 바로 위의 직속 상사, 바로 아래의 직속 후배, 세상에 하나 밖에 안 계신 소중한 부모, 최근에 술 한 잔 하신 친구' 등 대략 열 가지의 구체적인 인물들을 가

이드해줄 수 있어야 한다. 고객은 대체적으로 수동적으로 생각하는 습관을 가지고 있기 때문에, 여러분들이 제시하고 이야기하는 만큼까지만 생각하고 따라오게 된다. 그래서 아무리 지위가 높고 학식이 풍부한 고객이라 하더라도 이런 고객의 상황을 모두 무시하고, 고객이 생각할 수 있도록 최대한 '사고의 유도진행(convoy)'을 반드시 해야만 한다. 지금까지 이야기한 소개의 3단계 절차는, 한 가지의 맥으로 연결되어있기 때문에 그 순서대로 고객에게 제시하기만 하면 소개는 자연스럽게 나오게 되어있다. 이 방법이야말로 활동의 기본 요소인 가망 고객의 숫자를 늘리는 묘약 중의 묘약이다. 그렇지 않고 무턱대고 고객에게 소개를 요청하면, 아마도 당신은 뻔뻔하거나 무례하거나 굉장히 궁해보이는 부정적인 이미지만 주다가, 결국 빈손으로 고객과 헤어지고 다음 주에 만날 사람도 없어 쩔쩔매는 신세가 되고 말 것이다. 구슬이 서 말이라도 꿰어야 보배가 된다. 이 소개의 3단계로 한 명의 기존 고객에게 소개 받을 가망 고객의 숫자는 다섯 명이 가장 이상적인데, 이 중 두 명에서 세 명은 고객으로 이어지게 된다는 것을 명심하라. 하루에 여섯 명의 기존 고객을 만나면, 매주 30명의 가망고객을 소개받을 수 있고, 그 중 10명에서 20명은 고객이 되며 한 달에 40명에서 50명까지 신규고객을 창출할 수도 있다. 얼마나 부지런히 소개의 3단계를 반복하느냐가 영업직의 성패를 좌우하는 시발점이 된다. 소개명단이 많을수록, 당신의 가족은 편안한 밤을 보낼 수 있을 것이다.

정원사

언젠가 정원사에 대한 설교를 들은 적이 있다. 그 설교는 필자의 마음을 가득 채웠으며, 고객관리에 대한 필자의 열정을 더욱 확고하게 다지는 계기가 되었다. 뉴질랜드에서 살고 있는 한국 교포들은, 정원을 가꿀 시간과 정성이 없다고 한다. 단지 뉴질랜드만은 아니겠지만, 그곳의 한국 교민들은 열심히 일하고 타국에서 자리 잡기 위해 넓은 정원이 주어져도 아름답게 꾸밀 시간적 · 정신적 여유가 없다는 것이다. 멋진 정원의 꽃들과 나무들은 계속해서 죽어만 가고 시간이 지남에 따라 흉측하게 변하기에, 궁여지책으로 한국 교민들은 그 아름다웠던 오색 만발할 수 있는 넓은 정원에 아스팔트를 깔아 자녀들의 농구장으로 바꾸는 경우가 종종 있었다고 한다. 그 이후부터는 손 볼 일이 없어졌을 것은 자명한 일이다. 집주인은 계속 머릿속에서 자신을 괴롭혔던 골치 덩어리 정원이 말끔하게 없어져 마음이 평안했을 것이다. 잔 손 가는 일이 사라졌으니 말이다.

아름다운 정원에는 매일매일 눈에 잘 띄지는 않지만 이것저것이 생겨난다. 시간이 지날수록 무엇인가 생겨나고 이따금 눈에 거슬리기까지 하다. 잡초가 어느새 무성해지기도 하고, 꽃잎이 바람에 떨어져 신경이 쓰이기도 한다. 한 쪽 응달에 있는 소목은 자꾸 시들어져가는 것만 같아서 걱정이고, 옆집의 낙엽이 우리 마당에 달갑지 않은 손님이 되기도 한다. 집안에 있는 동양난, 서양난도 마찬가지다. 고혹적이기는 한데 햇볕이 잘 드는 주말에 보자면, 어느새 먼지가 소복이 쌓여 있는 것이 보인다. 시들어서 노랗게 되어버린 부분도 발생한다. 결국 물도 주어야 하고, 가위질도 해주어야 한다. 그 설교자는, 우리는 우리 마음의 정원사가 되어야 한다고 말했다. 마음의 정원사! 매일매일 내 마음에 물을 주지 않으면 곧 내 마음은 말라 죽게 될 것이다. 밝은 햇볕을 내 마음이 쬐지 못하면, 시들시들해지고 곧 우울해지고 말 것이다.

어느새 자녀에 대한 걱정과 근심이 내 마음에 자리 잡고, 경제적인 두려움이 내 생각을 점령해서 나를 이리저리 휘두르고 내팽겨 칠 수도 있다. 마음의 잡초가 생기고 진드기가 활동하는 것이다. 방치하고 모른 체하면 할수록, 더 황폐해지고 변질되어가는 내 마음. "마음은 정원이다." 매주도 아니고 3일마다 한 번도 아닌, 매일매일 내 마음의 부정적인 사고나 이기적인 생각, 게으름 피고 싶은 욕구, 걱정과 근심까지 손봐주고 닦아주며 잘라내 주어야 한다. 게다가 마음 뿐 아니라 사람들과의 관계도 가꾸어야 한다. 매일 말이다. 먼 곳에 계신 부모님, 한 때는 아웅다웅 같이 밥을 먹었던 형제자매, 이제 생각해보니 제일 즐거웠던 학창시절을 함께 했던 그리운 친구들, 그리고 이웃들과 친척들. 소원해져버린, 그것도 나의 이기적인 생각과 행동때문에 멀어져버린 관계들을 다시 소중하게 가꾸어야 한다. 인생은 한 번 뿐이기 때문이다. 고객도 마찬가지이다.

영업과 세일즈를 비즈니스 필드로 살아가는 현대의 기업들과 판매전문 직원들은, 고객이라는 정원을 매일매일 손보고 가꾸어야 한다. 나의 정원이라는 자부심에 하루 이틀 방치하다 보면, 고객은 아주 까다롭고 손이 많은 가는 화초와 같아서, 언제 나의 정원에서 말라죽고, 다른 정원에서 예쁘게 피어날지 도무지 알 수 없기 때문이다. 한 일주일 내버려두어도 큰일은 일어나지 않을 것이다. 한 달이 지나도 별 무리가 없을 수도 있다. 하지만 두 달, 세 달이 소리 없이 지날수록 고객 정원은 소리 없이 모두, 단번에 황무지로 변해있는 것을 목도하게 되고 말 것이다.

하지만 정원은 다행히 우리에게 크나큰 기쁨과 평안을 가져다준다. 정원의 손질을 귀찮아하지 않고 우아함과 화사함을 기대하는 기쁨의 마음을 가진다면, 손질의 번거로움은 자녀를 키우는 기쁨과 즐거움의 시간으로 변화하게 된다. 손질하는 시간과 정성 자체가 기쁨으로 승화되면 정원의 아름다움과 정원에 대한 손님들의 칭찬은 자연스럽게 따라오는 부상이 될 것이다. 고객들의 기념일을 챙기고 같이 기뻐해주며, 경조사에 참석하여 기쁨과 슬픔을 나누고, 자녀들에게까지 신경을 써서 내 조카들처럼 생각하고 배려하는 것은 수고가 아니라 그 자체의 기쁨이 되어야 한다. 이것은 흡혈귀는 절대 할 수 없는 일이다. 성실한 농부들이나 정원사들이 할 수 있는 일이다. 내 마음의 껍질을 심하게, 또 아프게 벗겨보니 그 안에 이기심만 존재하는 판매영업직원은 절대 성공할 수 없다. 성공하는 것 같지만 실패할 자요, 돈을 많이 버는 것 같지만 실상은 가난한 사람이다. 하지만 자신 마음의 정원과 관계의 정원을 먼저 가꾸고, 고객 정원을 정성스럽게 손질하는 영업인과 회사는 우아한 정원만큼 우아한 인생과 비즈니스를 즐길 것이다. 정원사 손에 들린 가위와 연장은 바로 고객들에 대한 A급 정보이다.

Clients Info Sheet:
개별고객 정보입수

Chapter Ⅱ-3, Ⅱ-4에서 언급한 것처럼, 기존 고객을 만나게 되면 상품에 대한 자세한 설명도 다시 하고 소개도 받아야 하지만 반드시 이룩해야 할 과제가 있다. 그것은 다름 아닌 Chapter Ⅱ-1에서 취급한 '고객원장'을 채우고 완성하기 위한 'Clients Information Sheet (고객 정보 자료)' 작성이다. 즉, '고객원장'을 완성하기 위해 '고객 정보 자료'를 받아야 하는 것이다. 이 양식은 다음 페이지에 있는 것과 같은데, 대부분 '고객원장'의 내용을 포함하고 있으며 몇 가지만 다른 형식을 취하고 있다. '고객 정보 자료'의 빈칸 중, 판매영업직원이 이미 알고 있는 내용들은 반드시 미리 적어 가거나 PC 상에서 기재하여 출력한 후 가져가야 한다. 고객에게 은연중 보이게 되는 부분이므로 깨끗하고 준비된 느낌을 주어야 하는 것은 당연한 일이다. 만약 '김순원'이라는 고

Clients Information Sheet (고객 정보 자료)

성명 (HP)				배우자 (HP)			결혼기념 주년			
자녀	성명	성별	나이	생년월일	양/음	금년생일	학교	학년	HP	특기
1										
2										
3										
4										

가족 종교	

자택 주소		우편	

직장 주소	한상욱		TEL	
	이희경		TEL	

방문일	

자녀에게 하고 싶은 이야기

MEMO

객의 자택이나 직장을 방문하여 '고객 정보 자료'를 작성할 때에, 기본적으로 이미 알고 있는 이름이나 주소·직장 등도 기재가 되어있지 않고 하얀 공백만이 종이를 채우고 있다면 준비가 안 된 판매영업직원이라는 것을 눈앞의 고객에게 밝히는 것과 다름이 없는 것이다. 또한 고객의 앞에서 '고객 정보 자료'를 작성하는 시간은 3분에서 5분을 절대 넘어서는 안 되며, 되도록 3분 안에 작성을 마치는 훈련을 해야 한다. '고객 정보 자료'는 판매영업직원에게는 엄청나게 중요한 사항이고 이를 통해 향후 기존 고객들을 정말 친밀감 있게 본질적인 관계를 나눌 수 있도록 해주는 재료들이지만, 당사자인 고객들에게는 늘 일상적인 본인들의 정보이기에 식상한 느낌의 시간이 될 수 있다. 이 시간을 줄이는 것도 고객에 대한 배려이자 프로페셔널다운 노력이다. 하지만 한 가지 주의할 점은, 3분의 시간이더라도 정확한 정보를 확보해야 한다는 것이다. 힘들게 고객을 만나 덤벙덤벙 '고객 정보 자료'를 받아오면, 정말 우스운 꼴이 되고 마는 것이다. 그런데 재미있게도, 잘못된 정보를 받아오는 경우가 심심치 않게 발견된다. 앞서 이야기한 고객 가족의 생일 양/음력, 결혼년도, 자녀 학교 이름의 오탈자 등이 생기면 후일에 안 하느니만 못한 우스운 결과를 초래할 수도 있는 것이다. 그래서 정확을

기하려는 마음 자세와 훈련이 필요하다. 제일 좋은 방법은, 고객의 답변을 판매영업직원이 '복명복창'하면서 받아 적는 것이다. 군대를 다녀온 남자들이라면, 이 복명복창이 왜 중요한지를 너무나도 잘 알 것이다. 입으로 상대방의 말을 한 번 더 똑같이 따라함으로써 재확인의 효과와, 발성함으로써 자기 자신을 각성시키는 두 가지 효과를 모두 얻을 수 있다. 또한 답변하는 고객도 한 번 더 신중하려는 자세를 취하게 됨을 발견할 것이다. 고객의 답변에 나지막하지만 또렷하게 그 답변을 복명복창하는 습관을 몸에 익히면, 훨씬 더 정확하고 빠른 답변을 받을 수 있게 된다. 전쟁터에서나 고객관리의 영업 전쟁터에서나 복명복창은 큰 실수를 방지할 수 있는, 훌륭한 방법인 것이다.

'고객 Info Sheet'을 작성할 때 유의해야 할 사항 두 가지가 있는데, 사소한 것 같지만 대단히 중요한 사항이다. 첫 번째로, 3분 내에 작성을 마쳐야 하지만 글자를 또박또박 정성 들여 성의 있고 깔끔하게 써내려가야 한다. 고객의 이름 · 신상 · 주소 · 정보들을 급하다고 휘갈겨 쓰고 무슨 글자인지도 못 알아보게 기재한다면, 그걸 지켜보는 고객들은 눈살을 찌푸리게 마련이다. 만약 당신이 고객이고 당신의 신상들을 영업직원이 엉망인 글씨로 성의 없게 써

내려 간다면, 당신도 기분이 썩 좋지는 않을 것이다. 고객의 작은 것 하나라도 소중히 여기는 마음가짐을 가지고 존중하는 태도가 중요하다. 고객은 왕인데, 그 왕의 면전에서 왕의 신상을 작성하는 것이니 우리는 함부로 해서는 안 되는 것이다. 두 번째는, '고객 Info Sheet'을 모두 작성하고 난 후 그 sheet를 다루는 태도이다. 고객 신상을 작성한 sheet를 아무데나 끼워 넣거나 숙제를 다 하고 난 초등학생처럼 가방에 구겨 넣지 않아야 한다. 항상 여러 고객들의 '고객 Info Sheet'을 함께 넣어 보관하는 비닐커버나, 방문 전 준비사항들을 모두 함께 정리해두는 클리어파일에 단정하게 집어넣고 소중히 여기는 모습을 고객에게 보여주어야 한다. 판매영업 직원과 고객이 실제로 만나는 시간은 길지 않기 때문에, 우리의 말 한 마디, 행동 하나하나, 몸가짐, 준비사항 등 작은 것 하나에도 신경써야한다. 고객에게 부정적인 것을 보여주고도 만회할 수 있을 만큼의 넉넉한 시간은 절대로 없는 것이다. 고객은 왕이기도 하지만 때로는 그 누구보다도 변덕스러워서, 우리들의 작은 실수 하나에도 (그것이 무의식적이라 할지라도) 우리를 침소봉대하여 평가할 수도 있기 때문이다. 판매영업직원은 고객이나 가망고객을 만나기 전날, 마치 젊은 청년이나 숙녀가 멋진 상대와의 데이트를 기다리고 준비하는 마음처럼 기쁘고도 긴장된 마음을 가져야 한다. 개별 고객의 정보를 파악하고 기재하여 정리해주는 이 '고객 Info Sheet' 작성의 하이라이트는 바로 '기타'란이다. 앞부분에서도 언급하였듯이 '고객 Info Sheet'는 '고객원장'을 만들기 위한 준비 작업인데, '고객원장'의 마지막 부분인 '기타'란이야 말로 '고객관리의 백미'라고 할 수 있다. 여기서 잠시 20대 시절로 돌아가, 설레는 첫 데이트의 기억을 회상해보자. 첫 데이트가 아니더라도 새로운 상대와의 첫 데이트는 말 그대로 흥미진진한 탐색전이다. 마음에 쏙 드는 상대방이 나온 경우에 우리는 '육감'을 이용해 상대방의 호감을 사려고 모든 노력을 기울이게 된다. 다음의 애프터에 어느 데이트 장소에서 무엇을 먹고 어떤 내용의 대화를 나눌 지가 머릿속에서 10기가의 속도로 팽팽 돌아가고 있다. 마치 영화 속에서 범죄자의 인상착의가 전과자의 데이터베이스와 일치하는지 1초에 몇 십 장씩 대조해보는 것처럼, 우리의 상상과 추정은 쉴 새 없이 빠른 속도로 모범 답안을 찾지 않는가? 상대가 로맨틱한 기분을 좋아하는데, 야구장에 가자고 제안하면 애프터는 실패 확률이 높다. 반면에 촛불이 켜져 있는 식당에서 근사한 저녁식사를 하고, 음악회에 가자고 제안한다면 성공 확률은 크게 높아지지 않겠는가? 이처럼 판매영업직원들은 고객과의 짧은 미팅 시에 온 '육감'을 다해 고객의 숨겨져 있는 보석과 같은 정보를 알아내는 능력을 발휘해야 한다. 재미있는 사실은, 이런 숨겨진 고객 정보를 적절히 활용할 때 엄청난 기적들이 일어난다는 사실이다. 하지만 사실 이것은 기적이 아니다. 세밀한 노력의 결과라고 말하는 편이 더 정확하겠다. 고객에 대한 정보는 A급에서 D급까지 있지만, 앞에서 언급한 것과 같이 소소하고 극히 개인적인 정보들이 바로 A급 정보이다. 예를 들어 고객을 만났을 때의 옷차림이 수수한지 세련됐는지에서 패션에 대한 관심 정도를 알아낼 수 있다. 집에서 만난 경우에, 가족사진 등의 액자나 걸려 있는 그림이나 영화 포스터 등을 유심히 관찰한다면 가정의 공통 취미나 개별 취미 등도 알아낼 수 있다. 등산을 좋아하는지, 축구를 좋아하는지 아니면 사진 찍기를 좋아하는지 등 한 눈에 많은 정보를 알 수 있는 것이다. 자녀가 좋아하는 연예인이 누군지, 피아노가 있는지 없는지, 예체능을 하는지, 아이비리그를 준비하는 우등생인지, 조금만 관심을 가지면 아마도 열 가지 이상의 고객 가정의 정보가 한 눈에 들어올 것이다. 이 보석 같은 정보를, 고객의 대문을 나서자마자 '기타'란에 쉴 새 없이, 잊기 전에 속사포처럼 적어 놓아야 한다. 필자는 고객의 소개로 가망고객과 그 직장에서 명함을 주고받은 적이 있는데, 그 남자가 독특한 커프스 링을 하고 있는 것이 눈에 띄었다. 으레 흘려보낼 수도 있지만 필자는 잘 기록해놓았고, 그 후 기존 고객을 재차 방문했을 때도 그 뒷자리에 앉아 업무를 보던 '커프스 맨'이 또 다른 '커프스 링'을 하고 있는 것이 눈에 들어왔다. '커프스 맨'이 고객이 된 후, 필자는 세일 매장에서 독특한 커프스 링을 싼 가격에 살 기회를 우연히 갖게 되었다. 물론 그를 위한 것이었고, 때마침 그의 결혼기념일이 다가오고 있었는데 필자는 그 선물을 얼른 주고 싶어 안달이 났지만 3주를 꾹 참고 기다려 결혼기념일에 맞추어 새로 산 커프스를 조심스레 선물했다. 물론 결혼기념일 선물로 커프스 링이 제격은 아니었지만, 필자에게는 선물할 수 있는 좋은 기회였을 뿐이다. 2만 5천원이 들어간 선물이, 필자에게 영업적으로 어떤 결과를 가져왔는지 상상이 가는가? 그 후에 여덟 가정을 커프스 맨의 소개 덕에 고객으로 모시게 되었고, 그와 필자는 더욱 친하고 속을 나누는 인간관계로 발전하였다. 그 선물을 주며 필자는 솔직하게 첫 번째와 두 번째 만남 시의 독특한 커프스 링이 인상적이었다는 이야기를 하였고, 우연히 세일 매장에서 예쁜 커프스를 보는 순간 당신 생각이 불쑥 났다고 이야기했다. 싼값에 구입했다는 소리에 그는 더욱 기뻐하며 부담 없이 받아주었고 나의 사려 깊음에 감사한다고 이야기했지만, 정작 감사할 사람은 다름 아닌 필자였다. 소개 받은 여덟 가정에서 파생되어 계속적으로 '고객 Tree Map'에 기재할 고객들이 생겨나오고 있기 때문이었다. 고객에 대한 관심과 그 정보를 활용하는 실천력은 상상 못하는 기적, 아니 노력에 대한 놀라운 결과를 가져다준다. 꼭 기억하길 바란다.

고객님 가라사대

기존 고객관리만으로 매년
실적을 두 배로 끌어올리는 시스템

Chapter III

실전 고객방문,
고객은 우주 끝에 있지 않다

남자를 미워하라

    어느 비즈니스 건, 그 비즈니스만의 본질과 특징이 존재한다. 대형 마트의 사업은 가격이 저렴하고, 주차시설이 충분하며 위치가 좋아야 한다. 외식업은 맛있고 정결하며 유동인구가 많아야 하는 것이다. 마찬가지로 판매전문 직원들이 알아야 할 판매 비즈니스의 독특한 특징 및 본질적인 핵심이 한 가지 있는데, 그것은 "선택의 결정권은 대부분 여자에게 있다"는 것이다. 자동차의 경우에도 구매의 결정권은 여자에게 있다. 주택도 마찬가지이고, 학원도 마찬가지이다. 남성복도 그렇고 가전제품도 선택은 여자가 한다. 고로 영업직원들은 여자를 만나야만 일이 해결되게끔 되어있다. 어떤 영업직원은 전문직 종사자들, 즉 의사·변호사·약사·회계사·변리사 등은 고소득 자영업자이기 때문에 아내에게 생활비를 주고 나머지 가처분소득은 자영업자 본인들이 직접 쓸 수 있는 권리가 있다고 착각하는 경우가 있다. 물론 있을 수도 있지만 극히 드물다. 우리는 그 비밀을 알아야 한다.

필자도 실제로 많은 고객을 만나고 이야기하며 오랜 경험을 쌓기까지 이 비밀을 잘 모르고 지냈었다. 그런데 넉넉한 자영업자를 만나건 중소기업 사장님을 만나건 대부분의 결정권은 아내에게 있으며, 설사 남편들이 자의적으로 결정했다 하더라도 시간이 경과하여 어느 날 우연히 아내들에게 자의적 결정이 발견이라도 되는 날이면 영락없이 작건 크건 불화의 조짐이 생겨날 수 있다는 사실을 깨닫게 되었다. 그래서 판매전문 직원들은 반드시 판매 초기 단계에서 부부에게 모두 설명 드려야 하고, 결정은 아내에게 받은 후 해당 인에게 사인을 받아야 한다. 그렇지 않으면 계약하기도 힘들거니와, 설사 계약을 체결했다 할지라도 얼마 후에 문제의 소지가 생길 확률이 아주 높다. 금융상품도 예외는 없다. 아니, 모든 판매에 예외가 없다고 생각해도 과언이 아니다. 그런데 이 비밀은 판매 뿐 아니라 소개에도 적용된다. 필자의 경우, 어떤 의사 선생님을 만나 제품을 설명한 후 그분이 아주 호의적인 반응을 보여도, 마음 속으로는 그 의사 선생님을 절대 신뢰하지 않는다. 아내를 만나 다시 설명할 수 있게 해달라고 정중히 부탁드린다. 의사 선생님이 경제력이 있고 선택할 수 있다 하더라도, 굳이 사모님을 뵈어야 한다고 이야기했다. 판매가 일주일 늦어지는 것은 중요한 일이 아니다. 사모님을 만나서, 제품 설명보다는 필요성의 이유를 논리적이고 감정적으로 설명 드린 후 OK 결재를 받아야 한다. 그런 후에 의사 남편 분의 사인을 받아야 한다. 그리고나서 주요 소개는 아내에게서 받아야 한다. 제품이 무엇이건 상관없다. 의료 관련 제품이라 하더라도 사모님에게서 동료 의사 사모님들을 소개받아야 한다. 그리고 남편 의사 선생님들을 만나면 일이 아주 쉽게 풀리는 것을 알게 될 것이다. 소개는 항상 여자들을 먼저 받아야 한다. 남자 고객에게 소개를 받을 때는 누나나 여동생, 어머니, 언니, 이모 고모, 여자친구, 여자 동료, 올케, 시누이 등으로 소개 받아야 한다. 이 사실은 엄청난 비밀이니 잘 기억하기 바란다. 새롭게 소개 받은 분이 언니라면, 언니를 먼저 만나고 나서 남편인 형부를 만나야 한다. 언니는 실질적 내용이고 형부는 형식이다. 형부의 사인을 받으면 형부의 여동생, 누나, 여직원, 이모 등으로 소개를 넓혀야 한다. 반드시 기억하라. 남자는 결정권이 거의 없다는 진실을. 그래서 여자 보기를 금 보듯 하고 남자 보기를 그 반대로 생각하면 된다. 필자의 가장 VIP 고객 50명도 남녀가 섞여있지만, 결정은 95% 남자가 아닌 바로 여자를 통해 이루어졌고 필자는 그 비밀을 100% 활용하였기에 VIP 남자고객을 모실 수 있게 되었다. 그렇지 않았으면 어림도 없을 이야기였다. 해서 여자는 참으로 위대하다. 세일즈에서는 더욱 그러하다. 장담하는데 남자를 중심으로 판매하는 세일즈맨은 롱런하지 못할 것이다. 우리가 어렸을 때를 생각해보자. 아버지를 졸랐을 때 얻었던 것이 많은지, 어머니를 졸랐을 때 손에 쥐었던 것이 많았는지를. 식당에 가야 밥을 먹을 수 있지, 창고에 가서 밥을 달라고 하면 공허한 메아리만 되돌아 올 뿐이다. 그래서 이 단어들을 잘 외워두어야 한다. 누나, 여동생, 언니, 어머니, 여직원, 올케, 이모, 고모….

치밀한 방문 전 준비

소개팅 장소에 나가는 20대 여성은 분주하고 치밀하다. 머리도 향기 좋은 샴푸로 감고, 예쁘고 세련되게 다듬는다. 화장도 볼이며 눈이며 여러 가지 고민 끝에 색조를 잘 맞춰서 정성껏 한다. 상의와 하의도 신경 쓰게 되어있다. 치마가 좋은지, 청바지가 좋은지, 각선미로 시선을 끄는 짧은 치마가 어울리는지 한참 고민을 하게 되어있다. 신발도 마찬가지다. 스포티한 운동화가 좋을까, 귀여운 구두가 좋을까 여러 가지 생각을 할 것이다. 단지 이것뿐만이 아니다. 손톱에 바르는 매니큐어 색깔과 요즘 유행하는 네일아트 디자인부터, 가방도 숄더백인지 간단한 파우치가 어울리는지 이것저것 거울 앞에서 뽐을 내어본다. 그밖에 귀걸이, 반지, 팔찌, 목걸이 등 정말 예쁘게 치장하려는 여성에게는 몇 십 가지를 단시간 내에 결정해야하는 엄청난 능력이 필요하다. 그리고 마침내 현관 앞을 나서게 된다. 그 날 최고의 아웃룩으로 말이다. 이정도 수고는 해야, 만약에 소위 킹카가 나왔을 경우 애프터로 이어지지 않겠는가? 아 참! 만남의 시간 직전에는 코털이 삐져나왔는지, 입에서 냄새는 안 나는지 '후후'하며 점검해야 한다는 생각도 불현듯 머리를 스칠 것이다. 반대로 부스스하고 생기 없이 아무 옷이나 걸쳐 입고 입 냄새를 풍기며 소개팅 장소에 나갔는데, 으악 할 정도의 훈남이 앉아있다면 이 여성은 훈남이 알아보기 전에 몰래 도망쳐 주선해준 친구에게 전화를 걸어 "나 오늘 너무 아파서 못 갈 것 같아. 내일 모레 다시 약속해주라, 응? 꼭!"하고는, 다음번에는 작전을 짜서 정말 예쁘게 만 24시간을 철저히 준비하고 공주로 변신하여 그 자리에 나갈 것이다. 기존 고객과 만나는 약속도 이와 같이 철저히 준비하지 않고 대충하려 한다면, 아무 것도 얻을 수 없을 것이다. 정말 야무지게 준비해야만 한다. 하지만 부담 가질 일은 거의 없다. 왜냐하면 데이트하려는 여성은 선택하고 결정하는 것이 복잡하고 변수가 다양하지만, 영업 현장에서의 준비는 처음에만 신경 써서 철저히 세팅해놓으면 다음부터는 그대로 하기만 하면 되기 때문이다. 처음의 준비사항을 그대로 따르면 된다.

준비사항 첫 번째는 헤어스타일과 눈빛, 그리고 신발이다. 이 세 가지를 보면 그 사람 됨됨이의 70%는 한 눈에 알아볼 수 있다. 단정한 헤어스타일과 힘 있으면서도 부드러운 눈빛, 그리고 깨끗한 신발은 외모에서 가장 중요하고 핵심적인 부분이다.

두 번째 준비사항은 소위 '클리어파일'이라고 불리는 '비닐 속지가 있는 파일'이다. 이 안에는 순서를 정해서 기존 고객과의 계약서, 복사본, 계약 내용 상세 설명서, Reference Tree Map(고객 소개 나무 지도), Clients Visit Line(고객 방문 동선), Clients Master Sheet(고객 관리 원장), Clients Info Sheet(개별 고객 정보), 회사의 브로슈어, A4 백지, 소개 요청 양식 등이 영업사원이 개별적인 취향에 맞게 순서를 배열하여 가지런히 꽂혀 있어야 한다. 당연히 이 모든 용지들을 구별하는 인덱스도 붙여져 있어야 하겠다. 참고로 아래의 그림 순서 대로 준비해도 좋을 것 같다.

비닐 파일 세트

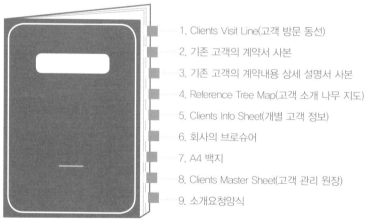

1. Clients Visit Line(고객 방문 동선)
2. 기존 고객의 계약서 사본
3. 기존 고객의 계약내용 상세 설명서 사본
4. Reference Tree Map(고객 소개 나무 지도)
5. Clients Info Sheet(개별 고객 정보)
6. 회사의 브로슈어
7. A4 백지
8. Clients Master Sheet(고객 관리 원장)
9. 소개요청양식

세 번째는 A4 백지를 가로로 세 번 정도 병풍처럼 접어서, 가방 속이나 파일 속이 아닌 상의 재킷의 안주머니나, 여의치 않을 경우에는 하의 뒷주머니에 넣고 다녀야 한다. 고객의 집에 방문하면 고객이나 배우자는 가장 먼저 "어떤 음료를 드시겠습니까?"하고 물어오거나 나름대로 준비를 해준다. 나름대로 준비하는 경우는 어쩔 수 없지만 무엇을 마시겠냐는 질문에는 절대 물이나 음료수가 아닌, '시간이 오래 걸리는 차'를 시켜야 한다. 물을 끓일 시간이 필요한 커피나 차 같은 것 말이다. "과일 조금 드실래요?"하는 질문에, 절대 사양해서도 안 된다. 왜냐하면 고객이나 배우자가 음료나 다과를 준비하는 동안, 그 집의 A급 정보를 거실이나 방에서 확보하는 시간을 벌어야 하기 때문이다. 고객이 준비하는 사이 "거실 구경 좀 해도 되죠? 집이 아늑하네요"라고 이야기하면 고객은 "아이, 정리가 안돼서 지저분해요"하고 답변하게 되어있다. 그러면 "아! 이정도면 진짜 깨끗한 겁니다. 저희 집에는 쥐가 막 다녀요"하고 농담을 하면, 다과를 준비하는 고객은 웃으면서 "별 말씀을 다하세요"하고 이야기한다. 이 3분의 주어진 시간 내에, 앞 chapter에서 언급한 바 있는 고객 가정의 A급 정보를 모조리 돌아다니며 기억해야 한다. 모두 유심히 살피고 반드시 기억하라. 사진 찍는 걸 좋아하는지, 등산을 좋아하는지,

하나하나 살피고 기억하며 자녀들의 방도 기웃거려서 악기 · 상장의 내용들까지 모조리 암기해야 한다. 이 내용들은, 모든 일을 다 마치고 고객의 집에서 나와 현관이 닫히면 재빠르게 A4 백지에 적어 내려가야 한다. 하나라도 잊어버리기 전에 말이다. 그 이유 때문에 A4 백지가 고이 접힌 채 내 주머니 속에 있어야 하는 것이다. 사무실로 돌아오면 이 내용을 Client Info Sheet과 Client Master Sheet에 옮겨 타이핑한 다음 A4 용지는 폐기해도 상관이 없다. 이 특A급 정보야말로 전쟁의 패배를 승리의 역전극으로 뒤집어버리는 핵심 기술이고 내용이다.

일간, 주간 스케줄러(Daily & Weekly Scheduler)

일간, 주간 스케줄러 (Daily & Weekly Scheduler)	__월__일 (월)		__월__일 (화)		__월__일 (수)	
	8:00		8:00		8:00	
	9:00		9:00		9:00	
	10:00		10:00		10:00	
	11:00		11:00		11:00	
	12:00		12:00		12:00	
	1:00		1:00		1:00	
	2:00		2:00		2:00	
	3:00		3:00		3:00	
	4:00		4:00		4:00	
	5:00		5:00		5:00	
	6:00		6:00		6:00	
	7:00		7:00		7:00	
	8:00		8:00		8:00	

네 번째는 주간 스케줄(Weekly Schedule) 혹은 일간 스케줄(Daily Schedule)이 상의 주머니 안에 있어야 한다. 일반적으로 영업회사에서 나누어주는 수첩이나 다이어리를 많이 사용하지만, 이런 것들은 좀 불편한 감이 없지 않다. 왜냐하면 부피도 있으며 가방이나 재킷 안에 가지고 다니면서 꺼내어 적고, 또 다시 넣고 하기가 불편하기 때문이다. 하지만 꼭 필요한 것도 사실이다. 수첩과 다이어리를 각자의 취향대로 사용하되, 일간, 주간 스케줄러(Daily & Weekly Scheduler)는 반드시 별도로 필요하다.

그 모양은 위 그림과 같은데, 아주 간단한 양식이지만 매우 쓸모가 있다. 보통 병풍처럼 접혀져 있는 낱장인데, 한 장에 일주일 분량의 스케줄이 들어가게 되어있다. 이 스케줄러(scheduler)를 접어서 재킷 상의나, 가방의 열지 않고도 넣을 수 있는 외부 포켓에 넣고 다니면 훨씬 편리하다. 실제로 이 양식은 여러 회사에서 이미 사용 중인데 회사에 양식이 있음에도 불구하고 잘 사용하지 않는 이유는 아주 명백하다. 그것은 바로 하루의 스케줄을 적을 내용이 없던가, 고객들을 만나도 A급 정보나 대화내용을 꼼꼼히 정리하지 않고 그저 머릿속에 암기한답시고 기재하지 않기 때문이다. 실제로 이 스케줄러(scheduler)의 위력은 가히 위력적이고 대단하다. 하루와 일주일간 이 안에 적힌 고객과의 대화내용과 개인 취향 및 F/up

사항들을 매일매일 사무실에 돌아와 약 10분간 다이어리와 개인 컴퓨터 안의 Client Master Sheet(고객관리원장)에 옮기다 보면, 그 순간순간 얼마나 많은 창의적인 아이디어와 고객접근법이 생각나는지 모른다. 하지만 그저 외우거나 기억하겠다고 생각하고, 기존 고객과의 미팅 내용을 흘려버리면 하루 종일 마실 다니다 집에 돌아온 한가한 사람과 결과적으로는 다를 바가 없게 된다. 요즘 최신형 전자기기로 스케줄을 기억하고 조정하지만, 필자가 둘 다 사용해본 결과 이 분야에서 첨단 디바이스는 종이재질의 병풍식 스케줄러(scheduler)의 힘을 절대 따라올 수 없다.

다섯 번째 준비해야 할 것은 정말 원색적인 물품들이다. 바로 지퍼백 혹은 비닐백 안에 깨끗한 양말 두 켤레와 어린이용 VCD 혹은 DVD 또는 휴대용 컴퓨터를 준비한다. 비나 눈이 많이 온 날이나 유난히 많이 걸어서 발에 땀이 흥건한 날, 고객 가정에 쩍쩍 달라붙는 소리와 함께 불쾌한 냄새로 발자국을 찍어댄다면 정말 난감한 일이 아닐 수 없다. 방문자도 민망하고 고객들은 내심 거북해도 말할 수 없기에, 미팅 시간 내내 참고 견딜 수밖에 없다. 이런 방문객을, 다음에 또 집에 오라고 편안히 이야기할 수 있는 고객은 거의 없다. 향기로운 냄새를 풍기지는 못할망정, 고약한 발 냄새는 삼가야 하지 않겠는가? 또 한 가지 준비물은 고객의 자녀들이 어린이인 경우 필요한 한국어 더빙 VCD나 DVD 또는 휴대용컴퓨터이다. 자녀들은 손님이 오면 관심도 끌고 싶고, 신기하기도 해서 엄마에게 더욱 떼를 쓰고 치대는 일이 많다. 그러면 어렵게 잡은 소중한 미팅 시간이 어영부영 지나가 버리게 되며, 갑자기 고객에게 전화라도 한두 통 온다면 정말 난감한 일이다. 일단 자녀를 따돌려야 하는데, 이 때 필요한 것이 한글 더빙 애니메이션 VCD나 DVD 그리고 휴대용컴퓨터이다. 조금 흔하지 않으면서 재미있고 처음부터 박진감 넘치는 타이틀(title)로 선택하면 되는데, 인터넷에서 저렴한 가격에 쉽게 구할 수 있고 고객 가정의 PC를 통해, 상담중 보여준다거나 휴대용 컴퓨터에 이미 저장해둔 애니메이션을 시청토록 하는 것이다(혹시 성인용 영화가 나오지 않는지 반드시 확인). 이 밖에 여벌 넥타이를 한 가지만 가방에 가지고 다니길 조언한다. 점심에 짜장이나 김치찌개 국물이 튀면 하루 종일 기분이 안 좋고 신경이 쓰이는데, 이 때 한 가지 넥타이를 여벌로 가지고 다니면 중도에 퇴근하는 일은 없을 것이다. 국가대표 축구선수들이 상대편의 경기를 녹화해서 보고 또 보며 전략을 짜듯이, 영업직원들은 생각하고 생각하며 준비하고 또 준비해야 한다.

계약이 아닌 독약

바둑에도 1단과 9단이 있다. 태권도에도 노란 띠가 있고 9단이 있다. 심지어 제비나 꽃뱀도 초단과 고수가 있을 것이다. 세상 모든 분야에는 왕초보 1단과 고수 9단이 있다. 가망고객과의 첫 번째 만남에서 세일즈를 시도하는 영업직원은, 고객에게 계약이 아닌 독약을 달라고 애원하는 것과 마찬가지다. 심지어 경험이 많은 판매전문직 사원들도 첫 번째 만남에서의 계약을 갈망하는 경우가 많이 있다. 하지만 갈망에서 그쳐야지 시도까지 연결되면 안 된다. 그 이유는, 첫 번째 만남에서 구매를 결정한 고객은 십중팔구 고객 스스로의 필요성에 의해 제품을 구매하기 때문이다. 즉, 본인의 필요에 의해 결정한 고객은 절대 소개를 쉽게 시켜주지 않는다. 왜냐하면 영업직원이 소개를 요청했을 때 그런 고객은 이런 생각을 하기 때문이다.

"소개는 무슨 소개! 다 자기가 필요하면 알아서 사는 거지. 내가 좋다고 하면 사고, 나쁘다고 하면 안 사나 뭐!"

실제로 첫 번째 만남에서 구매한 고객은, 금융상품의 경우 해약도 아주 쉽게 결정한다. "내가 필요성을 깨달아 계약했고, 내가 형편이 안돼서 해약하는데 뭘!"이라고 생각하기 때문이다. 첫 번째 만남에서 결정하려는 고객이 있다면 그 고객이 왜, 무슨 필요로 이 상품을 구매하려는 지에 대해 심도 있는 이야기를 나누고, 오늘은 설명만 듣고 가시라고 권유할 줄도 알아야 한다. 한 번 뒤로 젖힌 주먹이 더 센 법이고, 10보 전진을 위한 1보 후퇴가 필요한 것이다. 그렇지 않고 계약만 급히 원한다면, 그 영업사원은 물동이만 계속 날라야 할 뿐, 절대 파이프라인을 설치할 수 없을 것이다. 필자는 프로 자동차 판매직원을 만난 적이 있다. 쇼룸을 방문한 필자는 이 차, 저 차 기웃거렸다. 그 때 한 명의 판매직원이 눈에 띄었는데, 멀리서 필자에게 정중히 인사만 할 뿐 내게 다가오려 하지도 않았다. 약 5분 후, 그 판매직원은 아무 말도 하지 않고 전시된 차 문을 열어 보이며 필자에게 타보라는 손짓을 조심스러운 미소로 표현하였다. 필자는 그 직원이 워낙 소극적이라고 생각되었기에, 오히려 편안한 심정으로 차에 타보았다. 그 직원은 차에 가까이 있지도 않고, 필자가 차에 타보자 오히려 서너 발자국 차로 부터 멀어져 갔다. 필자는 내 마음껏 차 내부를 만져보고, 구경했다. 직원이 멀리 있으니 마음이 편했다. 한참을 여기저기 구경하고 있는데, 그 직원이 멀리서 내게 한 마디를 던졌다.

"시동을 켜실 수도 있어요."

필자는 고개를 끄덕이며 그의 말대로 시동을 켜보았다. 한 번에 매끄러운 엔진 소리를 느낄 수 있었다. 새 차의 냄새도 내 코를 자극했다. 필자는 한참 후 차에서 내렸고, 그 판매직원은 차 한 잔을 건네며 그 무거운 입을 또 한 번 열었다.

"저도 이 업계에 꽤 오래 있었는데, 보기 드물게 괜찮은 모델인 것 같습니다. 다음에 고객님 시간이 여유 있으실 때 오시면, 제가 고객님의 성함과 외모를 잘 기억해놓았다가 가격 설명을 특별히 해드리겠습니다."

아주 모호한 표현이었다. 내가 마음에 들어 특별히 설명한다는 것인지, 특별한 가격을 제시하겠다는 것인지 알 듯 모를 듯한 표현이었다. 그 말 뒤에 필자는 오히려 내가 먼저 그의 명함을 요청하였고, 그 흔한 방명록 기재도 필자에게 청하지 않았다.

필자는 그 직원이 진정 프로라고 생각했다. 필자는 마음 편히 신차를 만져보고, 타보고, 시동소리를 듣고, 새 차의 냄새도 맡아보았으며 나올 때 은근히 가격까지 궁금한 생각이 들었기 때문이었다. 만약 그 자리에 1단 혹은 노란 띠의 영업직원이 있었다면 필자의 뒤를 졸졸 따라다니며 필자가 만질 틈도, 냄새 맡을 틈도, 볼 틈도 주지 않고 할인 가격만 얘기했을 것이 분명하다. 아마도 필자는 새로운 차를 오감으로 흡족히 느낄 틈도 없이, 신참 영업맨의 말 고문만 당하다가 지긋지긋해하며 나왔을지도 모른다.

고객과의 첫 만남에서 가격이나 성능 이야기를 한다는 것은, 청춘 남녀의 맞선 자리에서 여자 측이 남자에게 '당신 연봉이 얼마냐, 당신 내가 몇 번째 여자냐'라고 묻는 것과 똑같은 상황이다. 오감으로 남녀가 서로를 탐색하고 안 보이는 매력까지 보여주어야 하는 장소를, 서로의 이력서를 읊는 자리로 만들어 버리는 것과 다를 바가 없는 것이다. 가망고객과의 첫 번째 만남은, 설레는 첫 데이트다. 두 번째 약속(애프터)을 잡는 것을 목적으로, 나의 자태를 실컷 보여주어야 한다. 여유를 가지고 독약을 밀어내자. 보약이 되어 돌아올 것이다. 그 보약의 이름은 '소개'이다.

기존 고객 방문, 충만의 40분

　　내 소중한 기존 고객과 고객의 배우자를 방문하여 만나는 일은, 실로 짜릿하고 충만한 시간이다. 고객 방문을 통해 판매영업직원은 자신의 사회적인 존재감을 다시 인식하게 되고, 과거에 나를 선택해주고 내 이야기에 동의해준 고객들로 인해 과거 성공에 대한 기억을 되살리고 그로 인해 자신감을 얻게 된다. 뿐만 아니라 현재의 자신을 있게 해준, 그 묵묵한 기존 고객과 가족들에게 감사하는 마음까지 얻게 된다. 그럼에도 불구하고 판매영업직원이 본인의 기존 고객을 방문하는 것을 부담스럽게 여기는 이유는 단 한 가지인데, 바로 스스로가 기존 고객에게 잘 해주지 못했다는 죄책감 때문이다. 하지만 이 부담감은 쓸모없는 생각에 불과하다. 기존 고객들은 이미 우리에게 사인한 고객이며, 우리들이 상당히 바쁘다는 것을 잘 알고 있기 때문이다. 그래서 사실은 판매영업 직원에게 많은 기대를 하고 있지 않음에도 불구하고, 우리들은 자책감 때문에 먼저 연락하고 방문하는 것을 꺼리는 것이다.

사실, 기존 고객들이 판매영업 직원에게 큰 기대를 하지 않는다는 사실은 엄청난 영업적인 기회이다. 우리들에 대한 적은 기대를, 생각지도 못했던 큰 관심과 세심한 배려로 보답했을 때 기존 고객들은 상상 이상의 감동과 신뢰를 표현하게 되기 때문이다. 자신감 있고 당당하게 기존 고객과 배우자를 만나라. 눈을 마주치고 이야기를 시작하는 순간 이 사실을 느끼게 될 것이다.

고객을 방문하거나 기존 고객의 배우자를 만날 때, 가정으로 방문했을 경우는 앞서 이야기한 대로 다과가 준비되는 시간에 제일 먼저 그 가정의 A급 정보를 재빨리 파악하고 외우고 있어야 한다. 두 번째는 준비된 비닐 파일의 순서대로 기존 고객의 계약서 사본을 보여주며, 계약 내용을 다시 한 번 정확하게 조목조목 짚으며 고객에게 상기시켜주거나 고객의 배우자에게 설명해야 한다. 세 번째는 고객이 구매한 상품의 상세 내용을 다시 정확히 안내하도록 한다. 제품의 종류에 따라 두 번째 절차와 세 번째 절차는 융통성 있게 밟아나가도록 한다. 예를 들어 계약서가 존재하는 금융상품이나 가전제품·의약품들은 두 번째나 세 번째를 모두 밟아나가는 것이 유익하지만,

화장품이나 일회성 상품의 경우는 계약서의 설명보다 상품 자체의 특징에 중점을 두는 방식을 택하면 된다. 이 때 고객의 질문을 차분하게 유도하는 것도 좋은 방법이다.

네 번째는 Reference Tree Map(고객 소개 나무 지도)을 고객에게 보여주는 것이다. 앞에 있는 고객 본인 혹은 앞에 있는 분은 고객이 아니거나 직접 구매자가 아니지만 그의 배우자인 내 고객이 어떻게 전문판매직원과 인연을 맺게 되었는지 그 소개 구도를 보여주며, 편안하지만 의미 있는 대화를 나누어야 한다. 그리고 과거에 앞에 앉아있는 고객이나 배우자가 소개해준 결과, 얼마나 많은 사람들이 차례차례 전문판매직원의 계약자가 되었는지도 한 명 한 명 짚으면서 이야기를 풀어나가고 또 감사를 드려야 한다. 대부분 이 경우에 기존 고객들은 과거 본인의 무심했던 소개가 얼마나 많은 열매를 맺었으며, 고객 본인도 전혀 모르던 사람들이 고객의 소개로 하나 둘 이어져 구매자가 되어있는 것을 보게 되면 내심 놀라게 되어있다. 이 시점에서 고객의 소개가 '얼마나 영향력이 있었는지(실은 단순 소개에 불과했을지라도)'에 대해 강조하며 감사하는 것이 매우 중요하다. 또한 그 결과가 전문판매직원에게 큰 도움이 되었다는 것을 솔직히 시인하는 태도가 요구된다. 반대로 전문판매직원이 잘나고 능력이 있어 이렇게 많은 계약자가

Reference Tree Map(고객 소개 나무 지도)

가 족	=	부 부
친 구		날짜기재
직 장		
지 인		

```
              이명은 = 김희은 ─ 백주선 = 최문선
                        |
                      이경진
                        |
윤유진 = 김병선 ─ 이주희 = 김여은
                        |
                      김여주
                        |
                      김여진
```

생겨났으며, 고객의 도움은 별 볼일 없었어도 내가 노력해서
이런 결과를 낳았다는 느낌을 고객이나 그의 배우자에게 전달
한다면 큰 실수를 하는 것이다. 고객들이나 가망고객은 훌륭
하고 유능한 전문판매직원과는 거래를 하고 싶어 하지만, 잘
난 척하고 은근히 으스대는 판매직원과는 절대 계약을 원하지

않는다. 잘 나가는 것과 잘난 척하는 것은 하늘과 땅 차이라는 것을 절대 잊으면 안 된다. 현실적으로 실적이 좋은 판매직원은 고객에게 항상 엄살을 피우며 이야기를 하는 것이 큰 도움이 된다. 예를 들어 고객이 이런 이야기를 하는 경우가 있다.

"어머 요즘 어려운 시기인데, 이렇게 많은 실적을 이룩해나가시니 너무 행복하시겠어요!"

이 때 전문판매 직원은 다음과 같이 대답해야 한다.

"아이고, 말씀은 감사드리지만 사실 요즘 매출은 좋아져도 순이익은 아주 보잘 것 없습니다. 꿋꿋이 이겨내야죠."

반대로 다음과 같이 이야기 한다면 어떨까?

"예, 요즘 행복해요! 다들 죽는 소리하는 시기인데 모두 고객님 덕분입니다."

이것이 사실일지는 몰라도 고객은 왠지 묘하게 기분 나쁠

수가 있다. '사촌이 땅을 사면 배 아프다'라는 식의 느낌을 가질 수도 있지 않겠는가? 실제로 실적이 좋아서 수입이 많은 전문판매직원들이 외제차를 가지고 다니며 영업한다던가, 고가의 시계나 가방·반지·의류 등을 착용한 채 영업 현장에서 활동하는 경우 본인들은 자부심이 있고 기분이 좋을 수 있으나 고객은 약간 불쾌감을 느낀다고 한다. 결국 머지않아 이러한 전문 판매 직원들은 소개가 줄어들고, 고객들도 만나기를 원하지 않아져 실적이 저조해지는 경우를 필자는 무수히 목격한 바 있다. 교만은 패망의 선봉대장이다. 이 말을 명심해야 한다.

다섯 번째로는 Client Info Sheet에 있는 대로, 고객 정보 사항을 일사천리로 묻고 적어야 한다. 속도 있되 정확하게 받아 적고, 방문 전 이미 알고 있는 사항은 미리 기재하여 프린트해서 모르고 있는 사항만 물어보며 채워나가면 된다. 여섯 번째는 이런저런 기존 고객과 가정 상황에 대한 이야기를 해나가면서 새롭게 알게 된 사항들을 Client Info Sheet에 옮겨 적는 것을 잊지 말아라. 일곱 번째는 정중히 소개를 요청하며, 소개의 당위성을 고객에게 이야기해주어야 한다. 소개는 고객으로부터 빼앗아오는 것이 아니라, 당연히 받아야 할 것을 받아오는 것이다. 소개자 명단은 주로 형제자매나 부모 등을 대상으로 하고, 간단한 전화로 전문판매직원에 대해 이야기해달라고 부탁을 한다.

지금까지 언급한 일련의 프로세스를 자연스럽게 밟으며, 일관되게 판매직원이 취해야 할 태도가 있는데 그것은 '입가엔 웃음, 혀에서는 냉철하고 절제된 용어, 그리고 Yes, But의 사용'이다. 항상 웃되 해야 할 이야기는 냉혹하게 다 해야 하며, 고객의 의견에는 항상 긍정인 'Yes 그런데 But'을 써야한다. 예를 들어 "고객님 말씀에 전부 동의합니다. 그런데 재미있는 것은, 요즘 고객님 의견과 좀 다른 내용을 주장하는 분들도 약간 있으신 것 같아요!"라는 식으로 'Yes, But' 기법을 몸에 익혀야 한다. 고객과의 만남은, 성공으로 충만한 판매직원 삶의 핵심이다. 방긋 웃지만, 입에는 칼을 물어라!

분필 던지는 고객

학창시절, 졸고있는 학생에게 정확히 분필을 적중시키시는 선생님이 계셨다. 얼마나 조준을 잘하시는지, 우리들은 맞는 급우의 마음도 헤아리지 못한 채 "와~"하는 탄성만 질렀다. 선생님과 더불어 가망고객이나 기존 고객은 모두 다 우리 머리 위에 존재한다. 그래서 학창시절 선생님들은 학생들의 졸고있는 모습, 몰래 도시락 먹는 제스처, 커닝을 하는 순간을 귀신 같이 잡아내실 수 있는 것이다. 가망고객의 눈은 판매전문직원의 눈보다 더 높은 곳에 존재한다. 방문판매를 하는 직원들은 전화로 가망고객과의 약속을 잡는 경우가 있는데, 전화로 통화한 그 날 두 가지 상황이 벌어진다. 판매전문직원은 약속이 잡힌 것 자체를 기뻐하며 들떠서, 자신의 제품을 어떻게 효율적으로 설명하여 계약을 얻어낼까를 잠자리에서 고민한다. 반면 가망고객은 잠자리에서 다른 고민을 한다. "뭐라고 매끄럽게 거절해서 잘 돌려보내지?" 고객은 이내, 세 가지 정도의 정말 끝내주는 거절의 이유를 기억해내고는 안도의 한숨을 쉬며 잠을 청한다. 그리고 잠들기 직전, 그 세 가지 이유를 다시 한 번 머릿속에서 순서대로 복습하고 정말 안심하고 꿈나라로 들어간다. 가망고객은 거절을 이미 준비하고 기다린다.

방문 판매가 아닌 경우도 상황은 똑같다. 매장을 둘러보는 고객도 이미 두세 가지의 거절은 기본적으로 가지고 있다. 필자도 그렇다. "한 번 둘러보는 거예요. 이거 그런데 얼마에요? 한 번 구경만 해도 되죠?" 등등 누구든 발 담그기 싫기 때문에, 몸에 익혀진 질문과 성의 없는 방관자적 태도가 있기 마련이다. 이미 거절을 '원, 투, 쓰리'로 가지고 있는 머리 위의 고객을, 우리는 어떻게 진짜 고객으로 만들 수 있을까? 방법은 두 가지인데, 첫째는 고객의 거절을 서너 가지로 압축하여 그에 대한 대응방법을 준비하면 된다. 가망고객의 수는 수만 명이 될 수 있지만 그 입에서 나오는 거절의 종류는 대분류로 3~4가지를 넘지 않는다. 그 시나리오를 잘 준비하고 다듬어야 한다.

두 번째는 고객이 미처 생각하지 못한 부분을 화두로 이야기해야 한다. 이때 너무 가격에 집착해서 미끼를 던지듯 형이하학적으로 접근하면 값 싼 세일스가 되어버리니, 이런 태도는 회피해야 한다. 가망고객의 준비된 거절을 깊이 있게 연구하여 거절 처리를 연구해놓지 않았으면, 결국은 고객을 가르치려 들거나 가망고객과 논쟁을 하게 된다. 이런 경우 결과는 자명하다. 백전백패인 것이다. 가끔 계약이 성사되는 경우가 있는데, 그런 경우는 나 아닌 완전 초보가 응대해도 계약이 되는 경우다. 즉 누구를 만나도 계약하는, 준비된 고객이라는 뜻이다. 이런 우연과 행운을 본인 노력의 결과나 성실함으로 착각하기 때문에, 직업을 바꾸어야 할 판매전문 직원들이 아직도 존재하고 있는 것이다.

열 명의 가망고객은 다음 세 가지 가망고객 군으로 분류된다는 것을 기억하라. 첫 1군은 위에서 언급한 2명, 즉 어떤 영업직원을 만나도 무조건 계약하는 2명의 고객이다. 두 번째 2군은 어떤 영업직원을 만나도 절대로 계약을 하지 않는 2명의 고객이다. 마지막 3군 가망고객은 영업 직원에 따라 고객이 될 수도 있고, 영영 남이 될 수도 있는 6명의 고객 군이다. 우리의 소명은 1군과 2군이 아니라, 3군 6명의 고객을 어떻게 내 계약자로 만드는 가에 대한 준비를 철저히 하는 것이다. 준비가 안 된 영업직원은 2할 대 타자가 되는 것이고 준비된 영업직원은 8할 대 타자가 되는 것이다. 2할 대 영업직원은 실적을 운에 맡긴 채 고객을 쫓아다니다 지쳐 상처 받을 것이다. 반면

8할 대 영업직원은 실적을 활동숫자에 맡긴 채 그 지평을 점점 넓혀가며 풍성한 열매를 쌓아가게 된다. 빈익빈 부익부인 것이다. 하지만 모든 판매전문직원은 스스로를 담대하게 만들 수 있는 중요한 요소를 가지고 있다는 것을 명심해야 한다. 그 요소는 "나는 어떤 가망고객보다 이 상품에 대해 훨씬 더 많이 알고 있다"는 자신감이다. 이 자신감을 기초로 하여, 거절을 정확히 구분하고 거절처리를 준비해야 한다. 하지만 그러한 거절처리 내용은, 미처 고객이 생각하지 못한 내용을 떠올리도록 해야 한다는 점을 잊지 말라. 가망 고객은 우리의 머리보다 훨씬 위에 존재한다!

고객님 가라사대

기존 고객관리만으로 매년
실적을 두 배로 끌어올리는 시스템

Chapter IV

시스템 오퍼레이팅

고객은 주방장이다

1960년대 초 있었던 일이다. 미국 본토에 있는 미군 기지에 한국인 출신 주방장이 취직을 하게 되었다. 요리 실력이 뛰어난 그 주방장은, 훌륭한 음식 솜씨로 인해 인종과 상관없이 파격적으로 부대에서 요리를 할 수 있게 되었다. 한국인 주방장은 워낙 듬직하고 말수가 적어서, 시간이 흐를수록 그와 일했던 모든 사람들은 그를 좋아하고 인정하게 되었다. 그런데 그런 그의 성격 때문이었는지, 묵묵한 주방장을 상습적으로 골려대는 미군들이 한두 명씩 생겨나게 되었다. 심술쟁이 미군들은 식당으로 들어오는 문 위에, 문을 열면 신발이 떨어져 주방장 머리를 내려치게 만들기도 하였고, 하루는 그의 숙소에 몰래 숨어들어 그가 잠들기를 기다렸다가 얼굴에 치약을 짜놓기도 하였다. 하지만 성격이 느리고 묵묵한 뚝심의 주방장은, 절대 화를 내지 않고 그저 바보처럼 이내 웃고 또 웃곤 하였다. 옆에서 보다 못한 한국계 여성 군무원이 주방장에게 가르치듯 일러주었다.

"바보처럼 아무 말도 하지 않으니까 매일 그렇게 미군한테 당하는 거예요. 당신도 화를 내고 큰 소리를 쳐야지 그 사람들도 장난을 멈추게 될 거예요."

그 이야기를 들은 주방장은 여성군무원에게 아주 느린 어조로 이렇게 대답했다.

"괜찮아요. 그 놈들 요리할 때마다 내가 연신 침을 음식에다 뱉어버리거든요 내가 더 통쾌하죠."

며칠 후 이 이야기를 전해들은 미군들은, 더 이상 주방장을 놀리지 않고 오히려 정중하게 찾아와서 사과를 했다고 한다. 주방장이 웃는 건 사실 웃는 게 웃는 것이 아니었고, 그 바보 같은 웃음 속에는 엄청난 비밀이 숨겨져 있었던 것이다. 주방장의 의도, 복수, 결심 같은 것이었으리라. 고객도 마찬가지다. 기존 고객은 우리들에게 항상 괜찮다는 식의 편안하고 너그러운 미소를 짓지만, 그건 미소가 아니다. 비록 판매전문 직원들이 기존 고객을 놀리지는 않지만, 판매가 끝나고 기존 고객을 방임해버리고 성의 없이 대하는 마음가짐이 전달될 수 있다. 연락도 거의 하지 않고, 고객 사무실이나 자택 근처에 우연히 가게 될 일이 생겨도 방문은커녕 안부 전화라도 한번 드릴까 하는 생각도 외면해버리기 일쑤이다. 돈이 되는 고객과 돈이 안되는 고객을 머릿 속에서 구분 지으며 혼자 똑똑한 척하며, 자신의 잣대로 고객을 재고 있다. 고객들은 아무 반응 없이 바보처럼 지긋이 미소 짓지만 그 침묵 안에는 엄청난 그 무엇이 담겨져 있다는 것을 알아야 한다. 그럼 어떻게 해야 할까?

미국은 전쟁에 대한 몇 가지 원칙을 갖고 있다. 그 중 한 가지가 자국 내에서는, 즉 미국 본토에서는 절대 전쟁을 하지 않는다는 것이다. 그래서 적대 세력이 그 힘을 키워 미국 본토를 넘보기 전에 그 싹을 자르려고 한다. 한국 전쟁 때도 그렇고, 베트남 전쟁 역시 마찬가지다. 또 경제적인 것 이면의 다른 마음이 있을지는 모르겠지만, 어쨌든 걸프전이나 아프가니스탄에서의 행동을 볼 때 미국은 위험을 사전에 차단하고 자국의 평안을 위해 대서양과 태평양을 넘어 항공모함과 특수부대 투입 등 막대한 비용을 지불하면서까지 국민의 보호를 미리미리 준비한다. 이러한 전쟁 원칙은 우리에게 시사하는 바가 크다. 우리는 기존 고객들이 겉으로는 웃으면서도, 우리의 음식에 침을 뱉도록 방관해서는 안 된다. 고객은 절대 잘못이 없다. 모두 근시안적이고 이기적인 판매전문 직원 때문이다. 고객이 침을 뱉기 전에 우리는 미리 손을 써야한다. 우리의 마음과 실적과 직장이라는 본토를 공격당하기 전에 오히려 그 반대를 준비해야 한다. 고객들이 침이 아닌 감칠맛 나는 양념을 준비할 수 있도록 우리는 온 정성과 노력을 기울여야 한다. 이 책을 집필하는 목적도, 이 책을 독자들이 읽는 목적도 바로 그곳에 있다. 고객은 우리의 적이 아니라 충실한 아군이어야 한다. 손오공의 머리카락은 손오공의 입김을 통해 여러 명의 손오공으로 변신하고, 진짜 손오공을 대신하여 싸우고 위장을 한다. 우리는 우리의 손으로 고객들을 우리들의 손오공으로 만들어야 한다. 영업직원들이 잘 때나 쉴 때나 혹은 입원했을 때도 언제든 대신 영업을 해주는, 영업의 손오공으로 변화시켜야 한다. 혼자의 힘으로는 이 세상 모든 가망고객을 상대할 수가 없다. 영화에서의 슈퍼히어로처럼, 천하무적 세일즈맨은 세상에 없다. 이제는 자기 자신의 실체를 직시하는 용기가 필요하다. 멀리 내다보고, 크게 생각해야 한다. 영업은 내가 하는 것이 아니라, 나의 손오공들인 기존 고객들이 대신 해주어야 하는 것이다. 고객관리 시스템인 머리카락을 손오공으로 변화시켜서 말이다.

일단 첫 발을 떼라

자신의 처지에 안주하고 용기를 내지 못해 주저하고 망설이는 사람과, 과정에 대한 불안감이 있더라도 비전을 향해 첫 발을 내딛는 사람은 서로 상반된 엄청난 결과를 보게 된다. 몇 개월 전 필자는 전문판매강의를 위해 굴지의 대기업 대전 지점의 관리자 교육을 한 적이 있었다. 필자는 '강력한 영업 팀 구축방안'이라는 주제로 코칭을 하였고, 콘텐츠 중에는 '기업의 혁신과 변화'에 대한 소제목이 있었다. 그 부분에서 대기업 '웅진'과 프랜차이즈 전문기업 '제너시스'에 대하여 역설 한적이 있었다. 특히 BBQ로 알려진 '제너시스' 윤홍근 대표의 막내아들은 필자의 큰 아들과 같은 초등학교 같은 반 친구였는데, 한 학년에 2개 반밖에 없는데다 한 학년의 학생이 50~60명밖에 되지 않아서 학부모들끼리도 사적이건 공적이건 만날 수 있는 기회가 다른 학교들보다 훨씬 잦았다. 입지전적인 '제너시스'

의 성공신화를 이미 알고 있었던 필자는, 윤홍근 대표를 가끔 만나게 되면서 좀 더 자세히 제너시스의 발자취를 공부하게 되었다. 그 결과 제너시스의 몇 가지 전략을 기업 혁신과 연관 지어 영업 매니저들에게 설명하던 중, 대전 지점의 한 관리자가 시키지도 않았는데 번쩍 손을 드는 것이었다. 나는 "네, 질문이 있으신가요?"하고 정중하게 물었는데, 그 손을 든 매니저의 대답은 "아니요 그게 아니라, 저 그 BBQ 윤홍근 회장님 잘 알아요"하는 것이었다. 필자는 무심코 그 매니저 분에게 마이크를 넘기면서 "아! 그러시군요. 지금 제너시스와 윤홍근 대표를 공부하는 시간이니까, 무엇이든 상관없이 알고 계시는 것을 얘기해주세요"라고 부탁을 하였다. 그 매니저의 이야기는 다음과 같다. 대전 지점에 근무하는 그 매니저는 1990년대 중반 경기도에서 살았다고 한다. 그런데 바로 옆집에서 살고 있던 아저씨가 어느 날 동네 치킨 집을 오픈하였는데, 그 상호가 바로 'BBQ 치킨'이었다. 'BBQ 치킨' 1호점인 것이다. 주인아저씨는 손에 한 가득 치킨 집 전단지를 들고 그 매니저 집에 찾아와서는, "저는 옆집에 사는 사람인데, 제가 새로 치킨 집을 오픈했습니다. 많이 이용해주세요. 지금은 동네 치킨 집처럼 보이시겠지만, 저는 이 치킨 집을 세계적인 프랜차이즈 회사로 키워서 맥도날드처럼 만들 계획입니다. 꼭 지켜봐주세요"

라고 이야기 했다고 한다. 옆집에 살던 여자 매니저는 윤홍근 대표의 말에 속으로 코웃음 치며, '아이고 꿈도 야무지다. 이 동네에만도 치킨 집이 수십 개고, 장사가 안 돼서 한 달 건너 문 닫는 치킨 집이 한두 군데가 아닌데 저런 말을 하다니, 너무 현실 감각이 없는 거 아냐? 세계적은커녕 망하지나 말고 서울 변두리에다가라도 하나 더 열면 다행이겠네!'하고 생각했다고 한다. 그러던 시간이 흐른 어느날 TV에서 그 유명한 BBQ 치킨의 사장님 인터뷰가 나왔는데, 어디선가 많이 본 듯한 인상이었단다. 자세히 기억을 더듬던 그 매니저는 그 사장님이 바로 그 'BBQ 치킨'의 옆집 아저씨인줄 깨닫고 소스라치게 놀라고 말았다. "그 BBQ가 그 BBQ야?" 그리고 이내 전단지를 한 손 가득 움켜쥐고 경기도 작은도시에서 '세계'를 운운하던 그 '외침'을 떠올리고는, 입을 떡 벌리고 손뼉을 크게 쳤다고 한다. 필자도 새로운 비하인드 스토리를 그 매니저에게서 듣고는, 속으로 한 번 더 감탄을 하였다. 책에서만 읽고 그저 그런 줄 알았었는데 막상 생생한 이야기를 듣고 나니, 아무 것도 없이 맨손으로 달랑 치킨 집 하나를 위성도시에 세우고 전단지를 돌리며 골목을 누비는 윤홍근 사장의 그 발걸음이 존경할 만하다는 생각이 들었다. 지금은 치킨의 대명사, 그것도 프리미엄 고급 치킨의 대명사가 된 '제너시스 그룹'은 현재 연매출

천억대를 자랑하며 세계 각국에 현지 법인을 거느리고 있고 모토로 '천년기업'을 내세우고 있는, 자타가 공인하는 명실상부한 외식업체의 대부로 군림하고 있다. 큰 야심을 가진 것만으로는 만 원짜리 한 장도 벌 수 없다. 하지만 윤홍근 대표처럼 큰 비전을 가슴에 품고, 나이 사십에 샐러리맨 생활을 걷어치우고 시작한 그 첫걸음은 이제 전 세계 방방곡곡에 그 흔적을 뚜렷이 남기고 있는 중이다. 일단 첫 발을 떼고 한 발 앞으로 내딛어야 한다. 주변에서 코웃음 치건, 곧 망할 것이라고 반드시 조심해야 한다고 걱정 어린 조언을 해주건, 충고는 충고로만 귀 기울이고 앞으로 나아가야 한다. 사업의 혁신을 시작하는 그 어느 누구도 자신의 성공에 대한 보장이나 확증 따위는 없는 것이며, 과정은 늘 불안하기만 할 뿐이다. 하지만 그 불안 때문에 한 발자국을 내딛지 못하면, 내 손에 쥐는 것은 아무 것도 없이 어제 같은 오늘, 오늘 같은 내일만 있을 뿐이다.

필자는 몇 번, 인생에서 큰 기회를 놓친 경험이 있다. 첫 직장이 대우 그룹의 종합무역상사였다는 이유로, 필자는 항상 해외의 독특한 상품에 관심이 많았다. 2000년 당시 판매실적 우수자에게 주는 혜택 중 하나로, 필자는 가족들과 시드니에서 행복한 여행을 즐기고 있었다. 마침 시드니에 거주하고 있던 먼 친척 집에 가족들과 인사차 방문을 하였고, 그 집에서 조카가 타고 다니는 '퀵보드'를 처음으로 보게 되었다. 신기한 마음에 이곳저곳 살피던 나는 퀵보드가 한국에서도 히트할 가능성이 충분히 있다는 판단이 되어, 상표와 제조사 등을 유심히 관찰하고 메모하였다. 며칠 후 한국에 돌아온 필자는 과거 무역상사 시절의 경험을 살려 퀵보드에 대해 수소문을 하였지만, 한국에서는 아무도 제품의 실체를 본 사람이 없는 듯하였다. 그런데 그 시점에 필자는 아무 것도 부러울 것이 없는, 일이 술술 잘 풀리는 '전문판매직원'이었다. 수입도 충분했고 기존 고객들도 많았으며, 매주 새로운 계약을 별 어려움 없이 할 수 있는 상황도 갖추어져 있었다. 그래서 바쁘다는 핑계로 한 달 두 달 퀵보드 수입을 미루고 미뤄 마침내 "그냥 한 우물만 파자! 너무 욕심내지 말고"라는 생각으로 새로운 사업을 마음속으로 포기해버렸다. 그러던 어느 날, 좀 더 자세히 얘기하자면 시드니를 방문한지 일 년 반 쯤 지난 시점에 서울 압구정동과 논현동에서 퀵보드를 타고 다니는 중고생들을 한두 명씩 보기 시작했다. "아! 드디어 우리나라에도 들어왔구나!"하는 생각을 하며 묘한 기분으로 퀵보드를 타는 학생들을 지켜보았다. 그러더니 차츰차츰 퀵보드가 점점 눈에 많이 띄는 것이 아닌가? 마침내는 골목골목의 코흘리개들도 대형 마트와 문구점에서 구입한 퀵보드를 나에게 보란 듯이 쌩쌩 거리며 왔다 갔다 했다. 어느 날, 큰 아들이 내게 퀵보드를 사달라고 졸랐고, 채근을 못 이겨 둘이 손잡고 대형 할인점으로 가서 내 손으로 돈을 주고 퀵보드 한 대를 구입했다. 그 날의 기분은 말하지 않아도 상상할 수 있을 것이다. 적어도 50억 원의 매출이 공중으로 훨훨 날아가 버렸다. 하지만 그 누구도 원망할 수가 없었고, 필자는 약 2주간 매일 밤 자책감에 시달리며 잠을 이룰 수가 없었다. 그 때 발을 떼었어야 했다. 한 발 내딛었으면, 분명히 한국 시장 전체를 선점할 수 있었을 것이다. 남자는 일생에 세 번의 기회가 찾아온다고들 이야기하는데, 그 이야기가 사실이라면 나는 그 세 번 중 한 번의 기회를 날려버린 것이다. 이 경험은 내게 큰 교훈으로 생생히 남아있다. 좋은 아이디어를 생각해내면 곧장 실천에 들어가야 한다.

예전 신문 칼럼에서 읽었던 한 노숙자 출신의 벤처회사 사장님 이야기는 내게 큰 감명을 주었다. 이런저런 삶의 굴곡에 무릎을 꿇고 노숙자가 되어 길거리를 헤매고, 무료 급식에 의존해 지내던 한 남자가 있었다. 희망이라고는 눈곱만큼도 없어 보이던 그는 어느 날, 이렇게 살면 안 되겠다는 갑작스런 각오를 하면서 오직 마음의 희망을 싹틔우던 중 우연히 잡지에서 '라텍스 베개' 기사를 읽게 되었다. 한 일본 중소기업의 수면과학 베개 기사에서 희미한 희망의 빛줄기를 발견한 그는,

아무 것도 바뀌지 않을 것 같은 환경을 딱 한 가지씩 변화시켜 나갔다. 첫 발자국을 두번째 발자국으로 내딛지 못하게 붙잡는 것은 우리의 '낡은 경험'이다. 내 경험 안에 갇혀, 환경만 바라볼 줄 아는 사람에게는 어떤 변화도 일어날 수가 없다. 노숙자 출신 남자는 한 걸음, 두 걸음씩 전진하며 결국 벤처기업의 CEO로 화려하게 본인의 인생 무대에서 부활하였다. 그리고 그의 결단과 용기를 많은 노숙자들과 공유하며, 어두운 곳에 희망을 외치고 있었다.

필자가 전문판매직을 시작하고 승승가도를 달리던 시점에, 같은 지점에 속해있던 다른 영업팀장이 필자에게 본인 팀을 위해 특별 코칭을 해줄 수 있냐고 요청해왔다. 선뜻 허락한 나는 무임으로 새벽 시간을 쪼개 다른 팀 전문판매직원들에게 나의 노하우 중 한 가지를 큰 결심을 내어 공개하였다. 강의가 끝나자 이곳저곳에서 탄성소리가 나며, 희망의 얼굴빛을 띄는 후배들을 볼 수 있었다. 정말 감사하다며 내 손을 잡고 흔들기도 하고, 큰 것을 얻어 이제는 앞이 보이고 안개가 걷힌 것 같다며 신이 난 후배들도 있었다. 2주 후, 나는 화장실에 가는 길에 그 팀원 후배들이 눈에 띄어 가까이 다가가서 이렇게 물었다.

"요즘 할 만 한가요? 제가 말씀드린 방법은 어느 정도 효과가 있나요?"

이 질문에 모두 겸연쩍은 표정을 지으며, 한 마디씩 답변을 했다.

"아직 실천을 못했어요. 곧 하려고요."
"생각은 많은데, 막상 시작하려니 쉽지가 않네요."
"이제 막 시작하려던 참이었어요."

이런 저런 변명을 듣고 나서, 내게 든 생각은 딱 한 가지였다.

'내가 돼지들에게 진주를 던졌군. 그 때는 호들갑을 떨더니. 내 소중한 시간만 낭비한 것 같아.'

나의 솔직한 심정이었다. 나는 그 이후 또 한 번 큰 깨달음을 갖게 되었다. 발을 떼고, 한 걸음 전진하는 것이 과연 얼마나 소중한 용기인지를 알게 된 것이다. 가끔 TV에 나오는, 인류 최초 우주 비행사 암스트롱이 달에 첫 발자국을 찍으며 인류 역사상 의미 있는 한 걸음을 내딛는 장면을 여러분도 기억할 것이다. 그 한 걸음을 위해 세계의 석학들이 수많은 시간과 자본을 들여가며 많은 밤을 지새웠을 것이다. 우리 개개인들에게도 처음 내딛는 한 발자국은 똑같은 가치를 가진다. 내 인생이 우주이며 내가 우주의 중심이기 때문이다. 특히 남자들은 첫 걸음을 힘들어하는 것 같다. 단번에 역전하고 일확천금을 얻는 것에 마음이 쏠려있기 때문에, 작은 시작은 불필요하게 느껴지고 귀찮은 것이다. 남자와 여자는 많이 다르다. "남자들은 영화를 볼 때 여러 사람이 순식간에 죽는 영화에 열광하는 반면, 여자들은 한 명이, 아주 천천히 죽어가는 것에 열광한다"고 말하는 어느 드라마 대사를 들은 적이 있다. 정말 공감 가는 표현이다. 하지만 그럼에도 불구하고 남자 전문판매직원들은, 첫번째 한 걸음의 용기를 체험해야 한다. 지금 당장 시작해야 한다. 내일도 아니고, 지금 당장 발걸음을 떼야한다. 좋은 기회와 아이디어를 포착하고 2주 안에 시작하지 못한다면, 기억하라.

"당신은 영원히 그 아이디어를 통해 한 발자국도 뗄 수 없을 것이다."

부채가 되어버린 고객

길을 걷고 있는데, 휴대폰의 벨이 울린다. 당신은 호주머니에서 휴대전화를 꺼내들고, 발신자 표시가 나타나는 액정을 쳐다본다. 액정에는 당신의 고객인 '홍길동'이라는 이름이 새겨져 있다. 바로 그 때 영업직원인 당신의 감정은 주로 어떤 상태인가? 오랜만에 반가운 고객의 전화가 와서 기쁜가? 아니면 왠지 모르게 뜨끔한 마음이 드는가? 둘 중에 어떤 감정이 주로 드는가? 아마도 정답은 대부분 비슷할 것이다. 대다수의 일반 고객이라면 섬뜩하며 가슴 찌릿한 감정이 들 것이고, 극소수의 친한 고객이라면 반가운 마음이 들 것이다. 언제부터 이 지경이 되어버렸을까? 도대체 고객은 아군인가 아니면 적군인가? 고객은 내게 자산인가 아니면 부채인가? 매월 말에 어김없이 찾아오는 수많은 결제고지서처럼, 고객은 어느 사이엔가 건건이 처리해버려야 하는 대상이 되어버린 것은 아닌가? 은행의 대출금과 카드사용 명세서는 우리 인생의 큰 중 압감을 주는 존재들이다. 이 녀석들만 없어도 인생은 살만한 가치가 있다는 생각이 들 텐데, 매월 내 잠을 설치게 하는 이 무시무시한 고민덩어리는 항상 우리들을 힘들게 한다. 또 부 채는 한 가지 뚜렷한 성격이 있는데, 갚아도 갚아도 도무지 줄 어들지 않고 오히려 시간이 지날수록 점점, 어느 사이엔가 불 어나고 있다는 사실이다. 고객에 대한 느낌과 감정이 어느 사 이엔가 자산이 아닌 부채로 변질되어버린다면, 이 현상은 어 김없이 고객에게도 똑같이 나타난다. 영업 연차가 길어질수록 고객의 수는 매월 매년 늘어 가는데도, 마음은 평안을 찾기는 커녕 처리해야 하는 부채가 점점 많아지는 감정을 느끼게 되는 것이다. 도대체 언제부터 이렇게 되어버린 것인가? 그 대답은 미꾸라지 두부요리에 숨어있다. 미꾸라지 두부요리를 맛있게 만들려면, 한 가지 프로세스를 거쳐야 한다. 처음에는 큰 냄비 안에 적당량의 물과 덩어리 두부를 넣는다. 그리고 살아있는 미꾸라지를 같이 넣는데, 처음에는 아주 약한 불로 끓여야 한 다. 그리고 잠시 후 불의 세기를 조금 높여 물 온도를 미지근 하게 만들어준다. 그러면 미꾸라지들은 물 온도가 따뜻해지면 서 움직임이 활발해지고, 기분이 좋아서 그런지 조금씩 더워 져서 그런지 부드러운 두부 덩어리 안으로 쏙쏙 파고들며 아주

신나게 움직인다. 그러면 불의 세기를 한 단계 더 높이고, 잠시 후 불의 세기를 가장 높게 만들면 미꾸라지들은 어느새 맛있고 영양가 높은 음식이 되어버린다. 다시 말해서, 미꾸라지들이 따뜻한 것을 즐기며 또 시원한 곳을 찾아 두부에 파고들며 노니는 사이에 그 무감각은 어느새 죽음을 불러오게 되는 것이다. 안일한 무감각의 결말은 아주 처참하다. 우리의 소중한 기존 고객들이 부채로 전락되는 과정도 이와 똑같다. 판매직원이 고객들의 침묵을 일이 잘 되어가는 천하태평으로 착각하는 사이에, 자신도 모르게 고객들은 건건이 처리해야 하는 귀찮은 존재들이 되어버린 것이다. 그런데 재미있는 사실은 고객들이 부채가 되어버린 사이에, 판매전문직원도 두부 사이에 잘 익혀진 미꾸라지 신세가 되어 있다는 것이다.

게임에서 이긴 사람은 아무도 없고, 모두 패자뿐이다. 그래서 기존 고객을 항상 자산으로 보존하려면, 영업직원은 예민한 상태를 유지해야만 한다. 무감각은 어느새 죽음을 부른다. 안테나를 높이 세우고, 오감과 육감까지 이용하여 촉수를 세우고 있어야 한다. 고객과의 만남을 게을리 하지 말고, 점심식사를 같이 하는 습관을 들이며, 기념일을 기쁨 마음으로 챙기고, 경조사를 기꺼이 좇아다녀야 한다. 항상 필드에서, 필드만을 생각하며, 그곳에서 눈을 부릅뜨고 우뚝 서있어야 한다. 눈덩이를 굴리면 그 부피가 커지는 것처럼, 자산을 굴리면 그 총량이 증가한다. 내가 자는 사이에도, 아파서 병원에 있는 사이에도, 골프를 치는 사이에도 자산은 자산을 부른다.

이제부터 당신은 부채를 키우겠는가 아니면 자산을 키우겠는가? 두부 사이에 낀 미꾸라지가 되겠는가 아니면 내 고객을 애정과 관심으로 감지하는 레이더가 되겠는가? 결정은 당신에게 달려있다.

파이프라인을 설치하라

필자가 모시는 고객의 숫자가 8백여 명이 넘었을 시점에, 그 당시 다니던 회사에서는 전문판매직원들의 클래스별로 분기에 한 번 2박 3일 정도의 세미나를 개최했었다. 필자는 최고 등급의 '영업이사'직 정도였기에 같은 레벨의 선후배 20여 명 정도와 교육 및 재충전의 기회를 향유하고 있었다. 하루는 점심식사 후 마음에 맞는 사람들끼리 잡담을 하고 있었는데, 최고 수준의 기라성 같은 한 선배가 무심코 다음과 같은 말을 하였다.

"나 이제는 이 일을 그만 두고 싶어. 그래서 올해에는 한 번 목숨 걸고 영업을 해보려고 해. 금년에 진짜 한 번 돈을 모조리 싹 모아가지고, 서태지처럼 멋있게 그만 두려고. 그리고 내년에 내가 예전에 하던 사업을 다시 시작

해 볼 거야. 그게 여의치 않으면, 브랜드 있는 빵 가게라
도 하려고. 내 후배가 유명 브랜드 체인 빵 회사에서 한자
리 하는데, 좋은 조건으로 오픈할 수 있도록 도와준다고
하더라고!"

그 이야기를 들은 그 자리의 많은 사람들은, 정말 놀라는
기색이 역력했다. 그도 그럴 것이, 그 선배는 회사에서 인정받
고 후배들에게도 존경 받는 인물이었으며 실적도 최상위 5인
안에 항상 오르는 탑 중에 탑이었기 때문이었다. 하지만 필자
는 하나도 이상하지 않았고, 그 선배가 왜 그런 이야기를 하는
지 너무나도 잘 이해하며 속마음을 납득할 수 있었다. 선배는
아침부터 일어나서 하루 종일 물동이 나르는 일을, 저녁 늦게
까지 머슴처럼 묵묵히 해 온 것과 조금도 다름이 없었다. 어떤
날은 작은 물동이를 나르고, 어떤 날은 큰 물동이를 날랐고,
또 어느 날은 물동이를 넘어뜨려 한 가득 찼던 물이 쏟아지기
도 했을 것이다. 아침부터 물동이를 나르는 일은 창조성도 필
요 없고 생각할 것도 없으며, 그저 인내심만으로 꾸준히 몸만
쓰면 되는 일이다. 독자들도 자신의 일이라고 가정해보고 상
상한다면, 이 단순하고 고된 일이 얼마나 자신을 피폐하게 만
들지를 짐작할 수 있을 것이다. 물론 한 쪽에서는 매일같이 길

어온 물이 조금씩 불어나 필요한 만큼 가득 찰 수는 있겠지만, 평생 그런 방식으로 일을 한다면 힘들고 또 괴로울 것은 자명한 일이다. 물동이를 부숴버리고, 삽을 들어야 한다. 물동이는 잊어버리고, 땅을 파서 파이프라인을 깔아야만 한다. 그동안 내가 잘 해왔던 몸에 익숙한 방식은 한 양동이의 물을 계속 퍼내는 일, 바로 그 정도이다. 시스템이라는 방식의 파이프라인은, 주인에게 숙면을 선물한다. 내일 일어나면, 수도꼭지만 돌려도 물이 콸콸 쏟아지는 기분을 만끽할 수 있기 때문에 단잠을 설칠 필요도 없는 것이다. 비가 와도 문제가 없고, 겨울에 눈이 와도 전혀 걱정이 없다. 매설된 파이프라인에는 항상 물이 가득하기 때문이다. 1인 기업인 전문판매직원들은, 시스템화를 낯설어한다. 그래서 결국 주먹구구식의 구멍가게 스타일 영업만 하게 되는 것이다. 1년 안에 큰돈을 벌고 멋있게 그만두겠다던 그 선배는 아직도 회사에서 열심히 일을 하고 있지만, 실적은 예전 수준의 1/5로 떨어져서 고생하고 있다는 이야기를 얼마 전 후배에게 전해 들었다. 노병은 죽지 않고 사라질 뿐이라고 했는데, 노쇠한 세일즈맨은 점점 힘이 빠지다 퇴사할 뿐일 것이다. 파이프라인은 1인 기업일수록 더욱 절실하다. 파이프라인 구축의 첫 번째 조건은 '가망고객 확보 시스템'이 있어야 한다. 대량 홍보도 할 수 없고 알고 지내는 사람들도 한계가 있는데, 새로운 고객을 어떻게 만나야 하는지에 대한 가망고객 확보 시스템은 정말 중요하다. 두 번째는 '스토리텔링에 대한 시스템'이 필요하다. 내가 판매하는 상품을 내 나름대로 설득하는 자신들만의 스토리텔링 시스템이 완벽히 구비되어 있어야 한다. 세 번째로는 이 책에서 주로 이야기되는 '기존 고객을 관리하는 시스템'이 있어야 하며, 이 시스템으로 동서남북 미친 듯이 뛰어다니는 것이 아니라 한 방향으로 나가되 눈덩이가 점점 불어나는 것 같은 전략을 구사해야 한다. 네 번째 파이프라인은 내 영업을 대신해주는 '손오공 확보 시스템'이 있어야 한다. 세일즈는 상품을 판매하는 것을 뛰어 넘어, 세일즈맨 자신을 판매하는 것이다. 다시 말하자면, 어느 가망고객은 내가 파는 상품이 꼭 필요하지 않더라도 그 세일즈맨이 가지고 있는 엄청난 인맥과 그로 인한 네트워크 때문에 상품을 구매하게 된다. 이는 가망고객의 반드시 필요하고 절실한 일을 해결해줌으로써, 기꺼이 나의 상품을 사고 오히려 고객이 '을'이 되고 세일즈맨은 '갑'이 되는 바람직한 방법이다 (이 시스템은 절대적으로 중요하기에 다음 장에서 따로 설명할 것이다). 다섯 번째는 '목표 설정과 성취의 트래킹 시스템'이 필요하고, 여섯 번째로는 '일상적인 매너리즘과 슬럼프 극복' 시스템이 반드시 있어야 한다. 또한 일곱 번째로는 이러한 여러 가지 시스템이 잘 운영되도록 시간을 배분하고 활용하며 본인과 가족의 취미, 자기 계발까지 고려한 '스케줄 시스템'이 있어야 한다. 그래서 실제로는 '고객을 관리하지 말고, 시스템을 관리'해야 한다. 일일이 미시적인 것만 보게 되면 큰 것을 잃게 된다. 시스템을 관리해야 성공적인 1인 기업가가 될 수 있다. 내가 할 일과 아웃소싱 해야 할 일도 구분해야 하며, 밤에 할 일과 낮에 할 일을 분류할 줄 알아야 한다. 식사를 같이 해야 하는 고객과 편지만 보내도 되는 고객을 차별해야 하고, 팔아야 할 상품과 절대 권하지 말아야 할 상품을 선별할 수 있는 지혜와 선구안도 필요하다. 이렇게 시스템을 관리하면, 일주일 내내 일할 필요가 없어진다. 수요일 하루 정도는 가볍게 쉬어도 아무 문제가 없다. 실제로 필자의 경우 평일은 열 시부터 다섯 시 정도까지만 집중적으로 일을 했으며, 수요일과 토요일·일요일은 특별한 경우를 제외하고는 거의 일을 하지 않았다. 그래서 여가 시간을 가족들과 함께 충분히 보낼 수 있었고, 자녀들과 아내와 함께 세계 방방곡곡을 여행할 수 있었다. 만약 필자가 시스템을 관리하지 않고 이리 쫓아다니고 저리 쫓겨 다니며 중구난방 스타일의 영업을 했더라면, 아내와의 많은 대화나 추억도 없었을 것이고 자녀와 스킨십하며 깔깔거리는 시간도 주어지지 않았을 것이다. 뿐만 아니라 자녀들의 학교나 학원 선생님들과 교육에 대한 대화의 자리도 가질 수 없었을 것이다. 영업 시스템은 단순히 돈만 벌어다 주는 존재 그 이상인 것이다. 물질적인 것의 안정을 통해, 경제적 여유로움을 누리는 것 이상이다. 내 삶의 가치 있는 시간들을 만들어주었고 가정의 중요성을 더욱 깨닫게 해주었으며, 내 인생과 가정의 다음 발자국을 준비할 수 있는 영감을 주는 책 읽는 시간을 가져다주었다. 이런 경험에서 만족을 얻어 본 세일즈맨은 그 기쁨을 절대 놓치고 싶지 않을 것이다.

US news에서 진정한 리더로 소개한 적이 있는 데이브 르빈과 마이크 파인버그는 KIPP(the Knowledge Is Power Program)라는 회사의 창시자이다. 아이비리그 출신의 백인이었던 르빈은, 멋모르고 휴스턴의 한 공립학교의 교사가 되었다. 첫 번째 맡은 반의 학생 수는 17명이었는데, 갑자기 11명이 추가 되는 일이 있었다. 그래서 르빈 선생님은 새로운 학생들과 기존의 학생들을 마주 앉히는 것이 좋다고 생각되어 실천했는데, 사실 이 두 그룹은 라이벌인 갱단이었다. 매일 싸우던 두 갱단 학생들이 갑자기 마주 앉아 공부를 하게 된 것이다. 학교에서는 르빈 선생님이 3개월도 지나지 않아 학교를 그만두게 될 것이라고 예상했지만, 르빈 선생님은 소망과 비전 없는 그 학생들을 반드시 성공시키겠다고 굳게 다짐하고 친구인 파인버그와 함께 꿈을 갖고 파이프라인을 놓기 시작했다. 그들이 만든 KIPP라는 회사의 모토는 아주 심플한데, 바로 '아이들이 배울 때까지 가르치자'였다. KIPP에 새로 초빙되고 합류한 선생님들은 간단한 시스템에 의해 움직였는데, 1주일간 24시간 대기하는 것이었다. 주중 학과시간에 수업은 받지만, 수업 내용을 이해하지 못하는 학생들이나 숙제 도중 의문이 생기는 학생들은 24시간 언제든지 이 선생님들에게 전화로 질문할 수 있는 권리가 있었고, 반대로 선생님들은 새벽 3시건 5시건 언제든 학생들의 질문에 이해할 때까지 성의껏 답변해야 하는 의무가 있었다. 그래서 선생님들은 새벽 전화를 받지 않기 위해 수업 시간 중 최선을 다해 가르치지 시작했고, 학생들도 주어진 시간에 과제를 끝내는 결과를 나타내기 시작했다. 이 시스템의 성공으로 KIPP는 45개 학교에 도움을 주었고, KIPP의 시스템에서 학업 트레이닝을 받은 학생의 80%는 대학에 진학하는 엄청난 결과를 가져오게 되었다. 잔인하고 겁 없는 갱단 학생들이 책을 끼고 유명 캠퍼스를 누비는 엘리트로 바뀌게 된 것은, 한 학생 개인의 성공이 아닌 암울한 사회 집단에 속한 어린 학생들에게 큰 비전과 희망을 실제적으로 심어주는 사회 변혁의 의미까지 있는 것이다. 이는 사람들이 포기한 소망 없는 곳에서 장미를 키워낸 것과 같다. 이런 리더의 성공 뒤에는 르빈과 파인버그의 열정·책임감 등도 있었겠지만, 아이디어로 시작한 작은 시스템의 실천이 그 실제적인 원동력이 되었다. KIPP의 단순한 시스템이 없었다면 두 갱단의 아이들이 다니는 학교는 전혀 변화가 없었을 것이고 더 무서운 곳, 절망적인 곳으로 추락했을 것은 불 보듯 자명하다.

리더는 어느 분야에서든 나무를 본 다음 숲을 본다. 구멍가게를 본 후, 대형 할인점을 꿈꾼다. 작은 아이디어로 큰 메커니즘을 만들어낸다. 하늘의 새를 보면서 날기를 꿈꾼다. 시스템은 태양, 즉 에너지원이다. 50℃의 물은 1톤이 있어도 계란 한 알 삶아내지 못하지만, 100℃의 끓는 물은 한 컵만 있어도 모든 세균을 죽일 수 있는 힘이 있다. 시스템은 100℃의 물이다. 무엇이든 없앨 힘이 되고, 날계란도 단단하게 만들 에너지가 있다.

우물물을 매일 퍼 나르는 세일즈맨은 오십견에 고생하고 매일 같은 일을 반복하며 한숨 쉬겠지만, 삽을 들고 땅을 파서 파이프라인을 설치하는 사람은 밝은 아침 햇살 아래서 콧노래를 흥얼거리며 수도꼭지만 돌려도 수돗물이 콸콸 나올 것이다. 그리고 파이프라인만 관찰하고 관리하면 된다. 고객이나 세부적인 디테일만 관리하지 말고, 시스템을 관리하라.

선순환 vs 악순환

필자의 아내는 과거 14년간 위경련이라는 병을 앓았었다. 특히 두 자녀들이 아내 뱃속에 있었을 때는 너무나도 힘이 들었다. 몸이 약간 힘들다 생각되면 아내는 어김없이 위경련으로 밤새 뒹굴었다. 금방 죽을 것 같이 배를 움켜쥐고 데굴데굴 구르는 아내를 보고 있자면 내 속도 타들어가는 정도를 넘어, 현기증이 나고 식은땀이 이마에서 줄줄 흘렀다. 나는 아내의 배를 쓸어주기도 하고 등을 두드려주기도 했지만, 그 놈의 지긋지긋한 위경련은 새벽이 되어서야 아주 서서히 가라앉기 시작했다. 아내도 탈진하고 필자 역시 기절하듯 잠이 들었다. 이내 아침의 출근 시간이 다가왔고, 나는 비틀거리며 출근한 날이 하루 이틀이 아니었다. 그런데 이상하게도 위경련은 주기적으로 발생했다. 위경련이 지나가면, 아내는 복통이 무서워서 식사를 제대로 하지 못했다. 그래서 아내는 더욱 야위어갔고, 음식을 꿀꺽꿀꺽 잘 먹지 못하니 늘 힘이 없었다. 자녀들이 학교 다닐 때는, 아내가 원기왕성하지 못하니 맛있는 식사도 차려주지 못할 때가 많아 외식으로 해결하는 경우가 많았다. 자주 아픈 엄마 때문에 아이들도 걱정을 하고, 우울한 저녁이 자주 왔다. 그래서 병원에 가보면, 그저 위 기능이 약하다는 이야기뿐이었다. 어느 날 저녁, 아내의 위경련에 지친 필자는 눈을 감고 생각에 빠졌다.

위 기능 저하 · 음식물 섭취 후 고통 · 위경련 · 밤새 고통 · 식욕 저하 및 음식물 섭취 공포 · 체력 저하 · 가사 일에 힘이 듦 · 잦은 외식 · 가족의 걱정 · 우울, 그러다 또 위 기능 저하 · …

이 악순환의 사이클이 반복되고 있는 것을 깨닫고 필자는 절망에 빠졌다. 위가 선천적으로 약한데다 위 관련 가족력도 있었기 때문이다. 하지만 14년이 지난, 지금으로부터 7년 2개월 전, 아내는 100% 병을 고쳤다. 신앙심이 깊어지면서 기적과 같이 언제 그랬냐는 듯 한순간에 위경련이 사라졌다. 지난 7년간 단 한 번도 위경련의 끔찍한 고통을 당한 적도 없었고, 필자도 고통스런 아내를 지켜보며 밤을 새본 적도 없었다. 아내는 식사를 잘했고 체력도 좋아졌으며, 가정의 분위기도 밝아졌고 자녀들도 과거의 기억을 모두 망각한 것 같다. 아내 체력이 좋아지니 거의 집에서 저녁 식사를 하게 되었고, 건강한 식단에 아이들도 웃음 안에서 무럭무럭 크고 있다. 악순환이 선순환으로 180도 탈바꿈 된 것이다. 필자는 흑백론자는 아니지만, 가만히 세상 이치를 들여다보면 선순환은 선순환대로 점점 힘이 세지고, 악순환은 악순환대로 점점 크게 험악해져가는 것을 발견할 수 있다. 예를 들어보자. 넉넉한 집 자녀들은 공부를 잘하고 보호하면서 키워 더욱 사회에서 인정받고 자란다. 반대의 경우는 양질의 교육도 없거니와, 방치되어 나름대로 자라게 된다. 부자들은 현금으로 더욱 좋은 투자기회를 갖게 되고, 한 끼니를 겨우 해결하는 서민은 의식주에 급급해서 큰 숲을 보고 다른 기회를 찾을 겨를도 없이 쳇바퀴를 돌며 살다 죽는다. 부부싸움을 하다 보면 배우자를 흠집 잡아 공격하며 이내 돌이킬 수 없는 마음의 상처를 주게 되고, 그것이 되돌아와 내 마음에도 큰 상처가 생긴다. 싸움 많은 집의 자녀는 큰 소리가 싫어 집을 나가게 되고, 비슷한 처지의 친구들과 어울리게 된다. 안 그런 것 같지만 세상은 선순환과 악순환으로 많은 부분이 운영되고 있다. 악순환의 고리는 어떤 대가를 지불해서라도 끊어버리고, 선순환으로 체질을 개선해야 한다.

한 가지 문제가 아니라 포도송이처럼 다른 문제들과 주렁주렁 연결이 되어 있기 때문이다. 한 가지 실수가 악순환의 시작이 되어 인생 전반을 초토화시키는 실례들이 신문과 뉴스에 가득하지 않은가? 세일즈도 마찬가지다. 아이디어와 실천력·시스템이 없으면 만날 사람도 없고, 만날 사람이 없으니 인터넷 서핑만 하게 된다. 그러다 한 방에 돈을 벌려고 도박이나 작전성 주식을 하게 되고, 결국 마지막은 비참하게 끝이 난다. 과장이라고 느끼는가? 천만의 말씀이다. 절대 과장이 아니다. 방법만 다를 뿐이지 선순환과 악순환은 우리 주변이 아니라 바로 내 인생의 코앞에서 천사와 악마처럼 싸우고 있다. 기존 고객을 중요하게 여기고, 시스템을 만들어 그들에게 다가가는 시작은 선순환의 출발점이다. 아직도 대책 없이 툴툴거리며 흡혈귀처럼 목조를 대상을 찾아 헤매는 세일즈맨은 악순환 속에서 허우적대고 있는 것이다. 내가 말하고 싶은 요지는, 악순환은 한 칼에 잘라버려야 한다는 것이다. 서서히 변화하려 해서는 절대 선순환의 낙원으로 갈 수 없다. 조금씩 바꿀 일이 있고, 한 번에 돌이킬 일이 있다. 악순환은 늪과 같아서 빨리 빠져나와야 한다. 바로 지금 말이다.

고객은 '을', 세일즈맨은 '갑'

    필자가 영업 현장에서 얻은 큰 깨달음 중 하나는, 고객들이 세일즈맨을 열렬하게 좋아한 나머지 묻지도 따지지도 않고 상품을 구매할 수 있다는 사실이다. 그런데 늘 무시당하기 십상인 세일즈맨들을 고객은 어떻게 좋아할 수 있을까?

    지방도시에 조그만 빌딩을 소유하고 있는 고객 한 분이 어느 날 필자에게 전화를 걸어왔다. 내용인즉 최근에 고객이 살고 있던 동네에 눈독들이던 8층짜리 건물이 매물로 나와 무리를 하면서까지 그 건물을 매입했다는 것이다. 기존에 가지고 있던 빌딩에서 담보대출도 받고, 신규 구매 건물에 있던 대출도 승계 받으며 추가로 대출을 더 받은 상태였다. 그래서 자금의 여유가 하나도 없는데 누군가가 신규 구매 건물의 옥상에 광고판을 세우면 고정적인 광고 수입을 얻을 수 있다고 조언해주었고, 그 이야기를 듣자마자 필자 생각이 나서 전화를 했다는 것이다. 한 마디로 광고를 할 광고주를 소개해달라는 것이었다. 나는 일단 생각나는 사람은 없지만 열심히 알아보겠다는 답을 드리고 그 때부터 나의 기존 고객인 광고 에이전트와 홍보물 제작사 사장님들께 전화를 돌리기 시작했다. 다섯 명 정도에게 전화를 한 시간은 대략 30분 정도였고, 그 중 한 분이 적극적인 의사표시를 하여 건물주 전화번호를 건네 드렸다. 그로부터 며칠 후 건물주 고객과 광고 에이전트 고객은 필자와 미팅을 가졌고, 지방의 한 건물에 광고를 따오기는 쉽지 않지만 한 번 노력하겠다는 에이전트 고객의 답변을 받아냈다. 그때 안 사실이지만, 한 건물에 광고를 하는 것도 절대로 쉬운 일이 아니었다. 여러 가지 법적 규제가 있었고, 특히 지방은 광고를 유치하기가 쉽지는 않다는 것이다. 약 2주 후 나의 광고 에이전트 고객은 개선장군처럼 광고주를 섭외해왔다. 건물주가 기뻐한 것은 두말할 것도 없고, 필자도 내 일처럼 좋아서 팔짝팔짝 뛰었다. 그 광고 수입으로 인해 건물주는 대출 이자의 대부분을 납입할 수 있었고, 시간적 여유를 가지고 건물을 리모델링하여 예전보다 더 높은 가격과 더 많은 임차인을 유치할 수 있었다. 기쁜 소식을 접한 후 약 한 달이 지난 때쯤, 나는 그 근처 도시에 방문하는 길에 건물주 고객을 방문하였다. 차를 마시면서

"왜 제게 그런 부탁을 하셨어요? 주변에 아시는 분들도 많고, 광고업자도 많으셨을 텐데요?"하고 질문하였다. 그 고객의 답변이 내게 큰 깨달음을 주었다.

> "물론 주변에 사람들이 많지요. 하지만 항상 편하게 전화할 수 있는 사람 중 좋은 인맥을 갖고 계신 분은 막상 생각해보니 당신 밖에 떠오르지 않더라고요."

두 가지 내용이 내 마음을 울렸다. '항상 편하게'와 '좋은 인맥'이라는 단어였다. 또 한 번은 금융회사 지점장 고객과의 식사 자리에서, "아 요즘 머리 아픈 일도 많고 해서…"라는 식의 고민을 우연히 듣게 되었다. 이런 저런 대화 끝에 나는 무슨 일인지를 자세히 물어보았고, 그 결과 지점장님은 회사 일로 거래처 사람들로부터 '사기' 죄목으로 형사고소를 당했다는 사실을 알게 되었다. 조사를 위해 경찰서에 불려 다니고 서너 시간씩 취조를 당하고 오면, 본인이 정말 죄인이 된 것 같은 기분이 들고 몹시 불쾌하다는 것이었다. 지점장님은 결백을 주장하지만 그래도 만에 하나 '유죄'가 선고된다면 어쩌나 하는 걱정까지, 요즘 잠이 도무지 오지 않는다고 말씀하셨다. 어려울 때 같이 있어주고 도와주는 친구가 진정한 친구지, 항상 좋고 기쁘거나 잘 되는 시기에 만나는 사람은 별 볼일 없는 법이라는 생각이 들었다. 필자는 사무실로 돌아와 경찰관 고객들에게 전화를 걸기 시작했다. 당시 세 분이 경찰직에 계셨는데 한 명은 조사과, 한 명은 경제과, 한 명은 청와대에서 근무하였다. 필자는 지점장님을 모시고 조사과 경찰 분과 경제과 경찰 분을 각각 만났고, 두 분 모두 자신들의 경험과 지식을 바탕으로 사건에 대해세세하게 조언해주었다. 지점장님은 귀를 쫑긋 세우고 열심히 들으며 기억하려는 노력이 역력해 보였고, 그런 모습은 필자를 더욱 가슴 아프게 하여 도와주고 싶은 마음이 들게 만들었다. 하루에 두 명의 경찰관들에게 조언과 지혜를 얻은 지점장님은 경찰서를 나서면서 이렇게 말씀하셨다.

"오늘 아주 좋은 상담과 조언을 들은 것도 큰 이득이었지만, 매일 감옥처럼 끌려갔던 경찰서에서 나를 위해 열심히 작은 것 하나라도 도와주려는 경찰관들을 보니까 큰 위로가 됩니다. 제가 평상심을 되찾고 냉정히 대처해야겠어요. 그리고 한 선생 너무너무 감사합니다. 바쁘신 분인 줄 제가 너무 잘 아는데, 자진해서 이렇게 시간 쓰고 노력해주니 너무 고맙습니다."

필자보다 15살은 더 많은 지점장님의 안경 뒤에서 작은 눈물이 맺히는 것이 보였다. 지성이면 감천인지 지점장님은 두 고객 경찰관의 조언을 통해 조목조목 본인의 의견을 주장했고, 결국 '무혐의' 통보를 받고는 즉시 필자에게 전화를 주었다. 필자의 도움이 결정적이지는 않았을 거라는 사실을 잘 알고 있다. 필자는 그저 지점장님에게 마음의 힘이 되어 드렸고, 지점장님은 자신이 인생의 궁지에 몰렸을 때 본인을 열심히 도와주려는 사람들이 있다는 점에서 다시 한 번 자신을 가다듬고 용기를 내었을 것이다. 그런데 그 때부터 이 지점장님은 계속해서 다른 지점장 동료들에게 필자를 소개시켜주셨고, 소개를 넘어서 거의 반 계약을 이뤄놓고 전화를 해주었다.

"저 이 지점장인데요, 안녕하신가? 메모 되세요? 제가 옆 지점의 지점장 소개해주려고요. 잘 이야기 했으니 왠만 하면 계약 할겁니다."

소개고 뭐고 100% 계약이었다. 그 전까지는 한 건의 소개도 없던 지점장님은 무려 그 회사에서 24명의 계약을 직접 만들어다 주었다. 그 24명으로부터 필자가 직접 소개를 받은 것까지 치면 40건은 족히 계약이 성사된 것 같다. 앞에서 언급한 건물주 고객은 건물 내 임차인을 차례대로 소개시켜 주었는데, 그것도 임차료를 꼬박꼬박 잘 납입하는 성실한 세입자를 골라서 해주었다. 그 덕택에 필자는 지방에 내려가면 계약도 하고 반가운 고객도 만나며 식사까지 얻어먹어, 정말 영업이 이렇게 행복하고 즐거운 일인가 싶을 정도로 그저 감사한 마음뿐이었다. 무시당하는 세일즈맨이 있고, 반대로 '갑'이 되는 세일즈맨이 있다. 가망고객이 식사 값을 자진해서 치르는 경우는 보통 "이곳까지 와서 빈손으로 보내니 미안하오. 식사나 하시고 가시구려"의 의미를 갖는 입막음성인 경우가 대부분이다. 하지만 필자의 경우는 달랐다. 건물주 고객이 친구를 소개시켜 주어 또 다른 지방도시를 가자, 그 친구 분도 자신의 건물에 광고주를 섭외하는데 도움을 달라며 제품도 제대로 안 보고 돈부터 꺼내셨다. 식사는 물론 최고급으로 대접 받았다. 이 어찌 기쁘지 않겠는가?

이와 같이 '갑'의 입장에서 당당하게 영업을 하기 위해서는, 앞서 언급한 '담쟁이 식 고객관리'가 필수요소다. 담쟁이처럼 항상 고객 옆에 딱 붙어있어야 한다. 필자가 형사 고발을 당하신 지점장님과 그날 설렁탕 한 그릇을 먹지 않았더라면 40명의 신규 고객을 어디에서 만날 수 있었겠는가? 그것도 펜을 들고 계약 준비가 끝난 고객들로 말이다. 세일즈맨은 거절로 인한 온갖 상처를 입으며 40명의 고객을 꾸역꾸역 몇 개월에 걸쳐 간·쓸개 다 내놓고 모실 수도 있고, 필자처럼 설렁탕 한 그릇 먹으며 대접 받으며 계약할 수도 있다. 고객과 밀착되어있어 고객이 세일즈맨을 편안하게 생각할 수 있는 관계를 항상 형성해놓아야 한다. 어떤 영업사원은 속칭 '빌딩타기'를 하며 거절로 인한 분을 삭이지 못한 채 계단에서 담배를 지근지근 씹어 피우며 "인간으로 못할 짓이네"라 생각하며 스트레스 받을 때, 필자는 건물주인의 손에 이끌려 건물주의 배석 하에 자연스럽게 실적을 주워 담고 있었다. 천국과 지옥의 차이라고 하면 좀 과장일까? 세일즈맨이 기존 고객을 남의 집 강아지 취급하면서, 가끔 죽었는지 살았는지 확인 전화만 한다면 필자와 같은 결과는 절대 가져올 수 없다. 이 작은 차이가 화성으로 가느냐, 반대인 금성으로 가느냐를 결정짓는다.

한 번은 전라도 광주에서 개업한지 1년 된 한의사를 고객으로 모시게 되었는데, 워낙 병원이 한가해서 필자도 내심 걱정이 되었다. 주변 경쟁이 심해서 환자가 워낙 없다고 걱정이 이만저만이 아니었다. 마침 필자는 환절기에 몸이 좀 약한 고객들이나 자녀들에게 선물할 감기약을 한의사 고객에게 부탁했다. 1년에 한두 번 정도 했던 고객들을 위한 필자의 배려였었는데, 이번에는 서울이 아닌 전남 광주의 개업 1년차 원장님께 부탁 드렸을 뿐이다. 20만원에 400개의 파우치를 주셨으니, 원가 정도가 아니라 무료로 주신 것이나 마찬가지였다. 나는 400개의 파우치를 20개씩 20명에게 분류하여, 간단한 편지와 함께 택배로 발송하였다. 계산해보면 1인당 20개 파우치니까, 택배비 포함 1만 5천 원 정도 비용이 든 것이다. 그런데 예상외로 그 효과가 폭발적이었다. 약의 효과가 대단했던 것이다. 감기 초기 증상의 고객들도 몇 개를 마시고 나니 감기가 뚝 끊어졌고, 한참 몸살을 앓던 고객들도 몇 봉지를 마시고 간밤에 땀을 쏟으며 자고 난 후, 몸이 한결 가뿐해졌다는 것이다. 어떤 여자 고객은 온 집안 식구가 감기였는데, 자신만 튼튼하게 아무 이상 없어서 추가로 가족들을 위해 비용을 얼마든 내고 많이 사두고 싶다며 전화를 해왔다. 20명 중 12명이 이렇게 좋은 약을 어떻게 보내주었냐며, 감사하다는 이야기와 함께 한의원을 알려달라고 했다. 물론 나는 금액을 이야기하지 않았다. 필자의 고객 분들은 필자의 이름을 거론하며 원장님과 통화 후 약의 효능을 칭찬하면서 그 약을 더 부탁드린다고 주문하였고, 원장님은 금전적인 이득보다는 자신감을 얻은 듯 했다. 필자에게 전화를 하여 "기분이 너무 좋았다"고 감사의 표시를 하였다. 그 원장님은 고지식하고 뚝심있게 워낙 좋은 약재만을 엄선해서 사용하기에 병원 재정에는 도움이 안 됐었는데, 이제는 그 감기약을 광주에서 특화시켜 보겠다는 구상까지 하시는 것 같았다. 필자는 광주에 갈 때마다 다른 한의원보다 그곳에 먼저 들렀고, 한 해 한 해가 지날 때마다 병원이 조금씩 자리를 잡아나가고 성장하는 것을 볼 수 있었다. 이제는 제법 유명세를 타 버스 광고도 하는 것 같았다. 그 인연으로 우리는 고객과 세일즈맨 이상의 관계가 되어 서로 좋아하는 친구 사이로 발전하여 상호간의 영업은 물론이고 인생에 서로 도움을 주고 조언하는 관계로까지 친분을 쌓았다.

이런 관계들을 많이 만들기 위해서는, 여러 방면의 고객들에게 담쟁이처럼 딱 붙어서 친분을 유지해나가야 한다. 고객들과 술을 마시고 근사한 저녁을 먹고, 엄청난 선물을 해야 한다고 착각하지 말기를 바란다. 앞에 계속 언급했던 방법으로 꾸준히 고객들과 연락을 하기만 하면 된다. 특히 고객의 가족들에 집중하면서 말이다. 우리에게는 여러 고객층이 필요하다. 변호사, 검사, 경찰, 판사, 군인, 의사, 레스토랑 경영인, 장의사, 광고 에이전트, 음악가, 플로리스트, 문구점 도매상, 시인, CEO 등 끊임없이 고객층을 넓혀나가야 한다. 전쟁을 할 때 소총만 사용하는 군대는 없을 것이다. 박격포, 대포, 미사일, 무전기, 전투복, 식량, 낙하산, 비행기 등 끊임없이 무기 체계를 갖추어나가야 하는 것처럼 세일즈라는 험난한 전쟁에서는 고객체계를 늘 발전시키고 깊이 있게 친분을 쌓아두어야 한다. 그러면 매 순간 고객들과의 접점에서 고객들이 필요한 것을 '나'라는 매개체로 다른 고객을 통해 공급해 줄 수 있다. 그것이 바로 스페셜리스트이다. 세일즈맨이 갑이고 고객은 을이다!

고객님 가라사대

ⓒ 2016 한상욱

2016년 2월 15일 초판 인쇄
2016년 2월 25일 초판 발행

지은이 | 한상욱
펴낸이 | 안우리
펴낸곳 | 스토리하우스

편 집 | 권연주
디자인 | 이주현 · 이수진
등 록 | 제 324-2011-00035호
주 소 | 서울시 영등포구 영등포동 8가 56-2
전 화 | 02-2636-6272 **팩 스** | 0505-300-6272
이메일 | whayeo@gmail.com
ISBN | 979-11-85006-18-5 03320

값: 14,800원

이 도서의 국립중앙도서관 출판예정도서목록(CIP)은 서지정보유통지원시스템 홈페이지(http://
seoji.nl.go.kr)와 국가자료공동목록시스템(http://www.nl.go.kr/kolisnet)에서 이용하실 수 있습니다.
(CIP제어번호 : CIP2016002884)